carlos césar figueiredo pacheco

césar contra césar

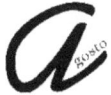

César Figueiredo
worm prods. /cesar figueiredo

Carlos César Pacheco
carloscesarpacheco.com

César contra César
101 voemas
2023 | março-junho, novembro

Organização: Jorge Almeida
Capa: DeCésar (a partir de uma obra de César Figueiredo)
Contracapa: DeCésar (a partir de uma obra de John MacLear)
Arranjo gráfico: DeCésar
Paginação: Ezequiel Nunes
Revisão do texto: I. Camarinha, L. B. Costa

@gosto editores
1ª edição: dezembro de 2023
Depósito Legal: 524865/23
ISBN: 979-886-967-478-4

César Figueiredo

CONTRA

César Pacheco

César Pacheco

CONTRA

César Figueiredo

génesis 19:17

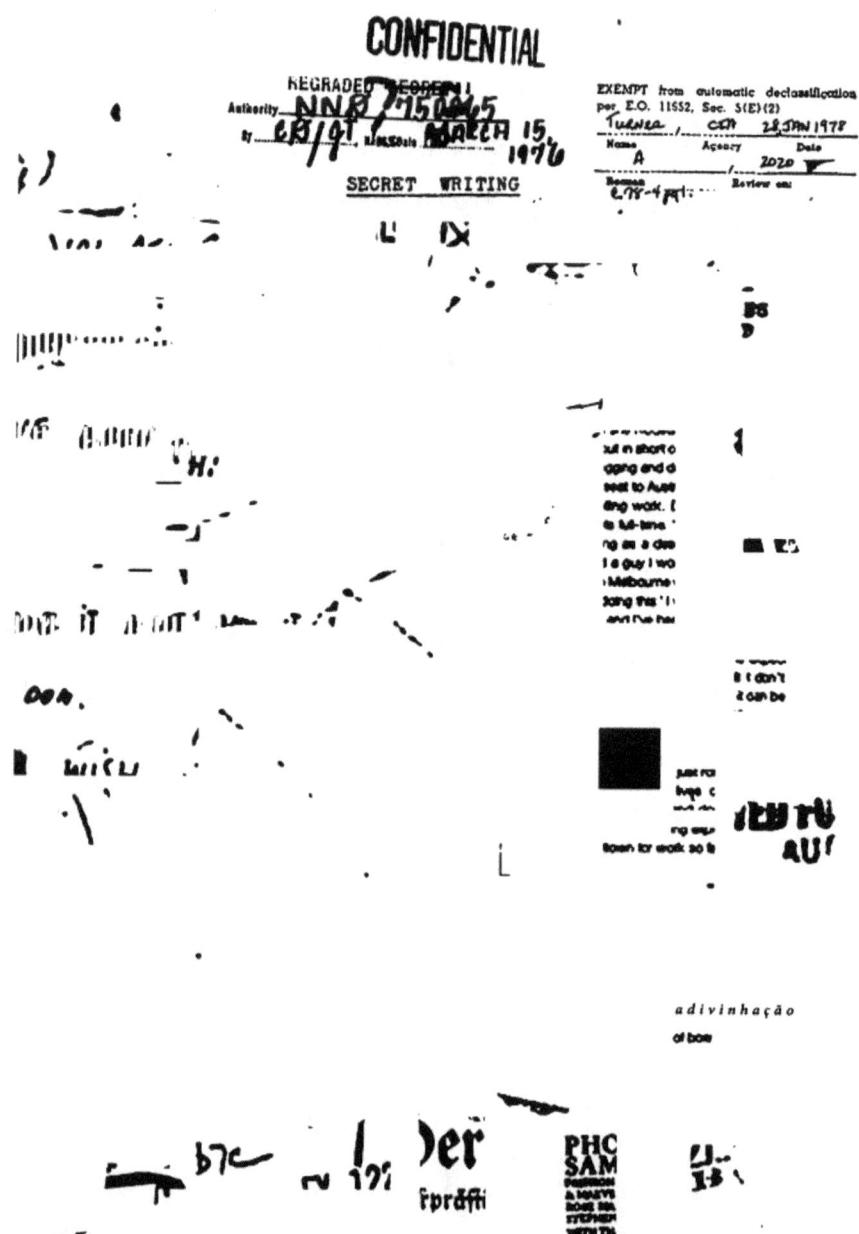

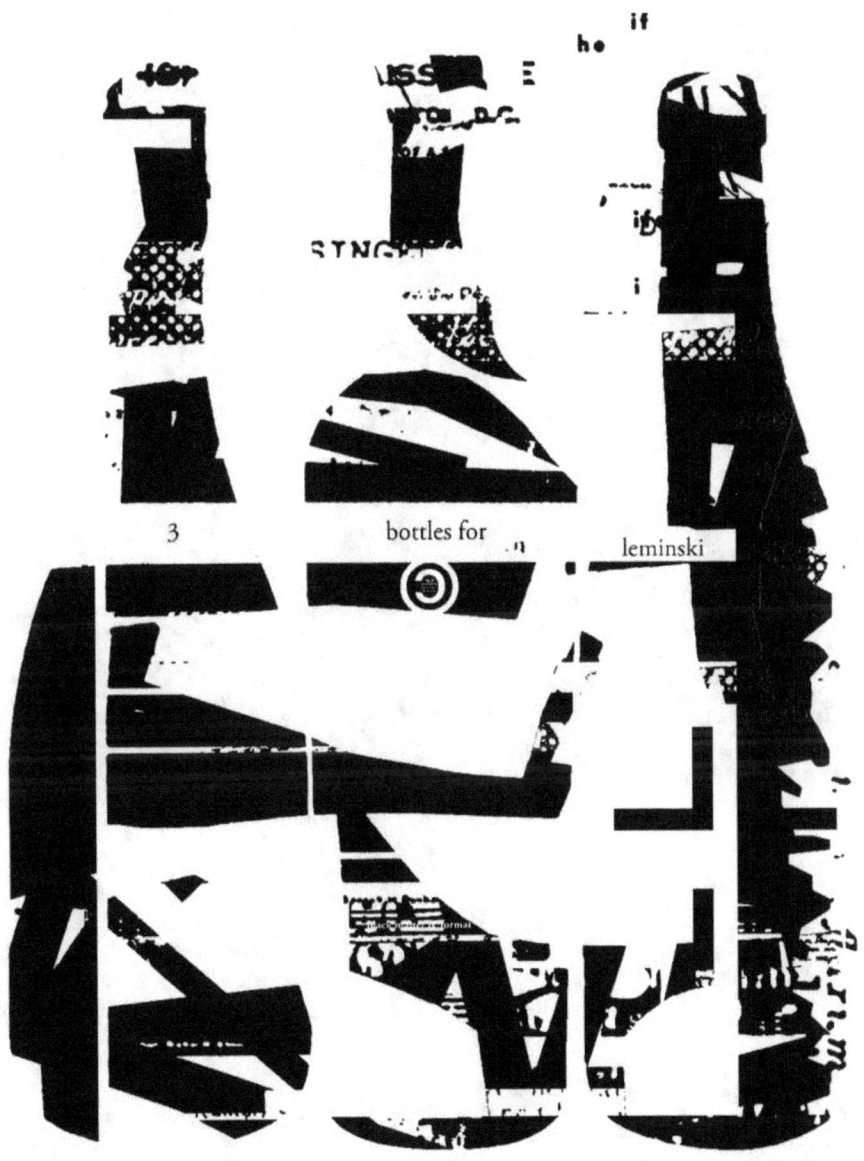

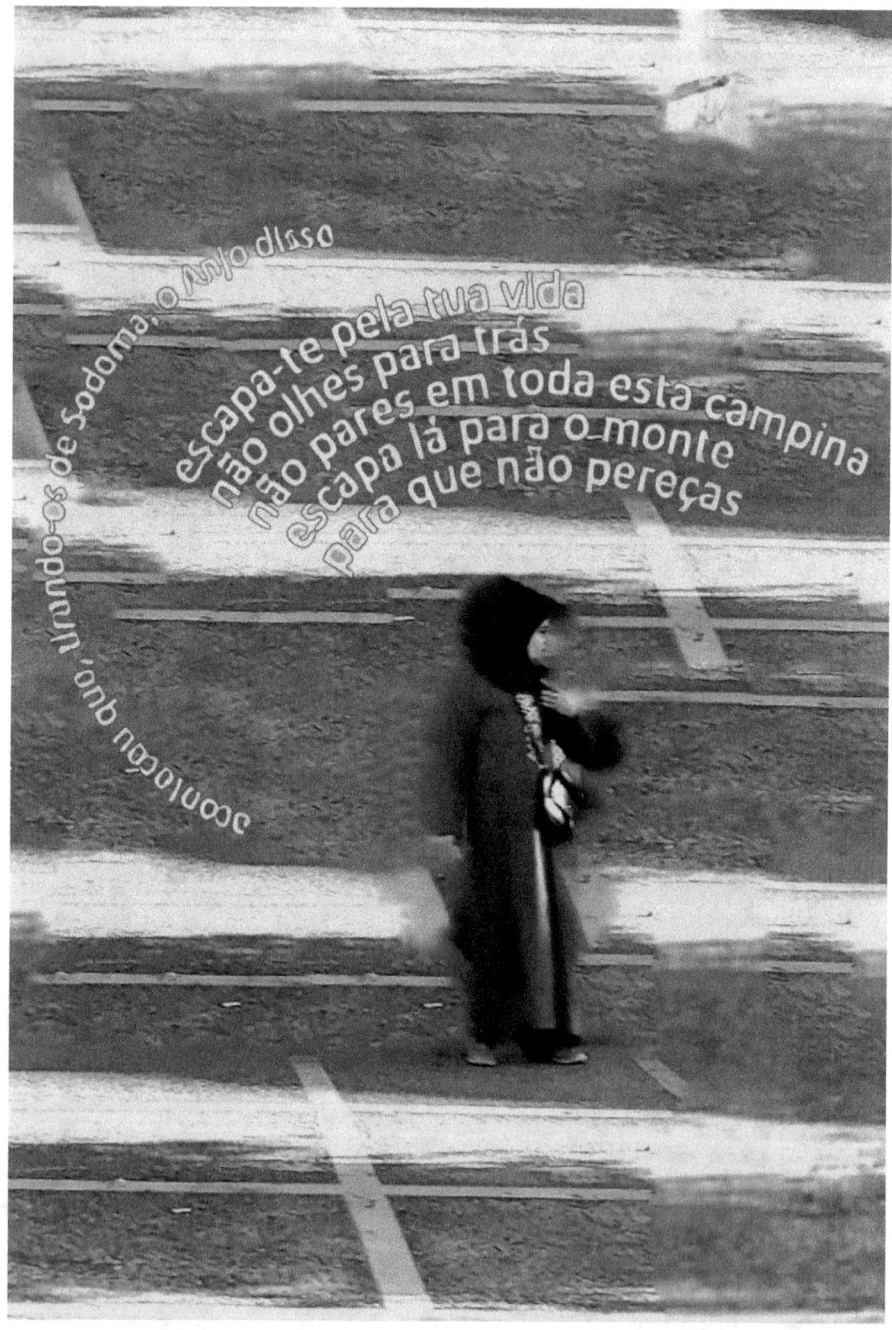

escapa-te pela tua vida
não olhes para trás
não pares em toda esta campina
escapa lá para o monte
para que não pereças

aconteceu que, virando-os de Sodoma, o anjo disse

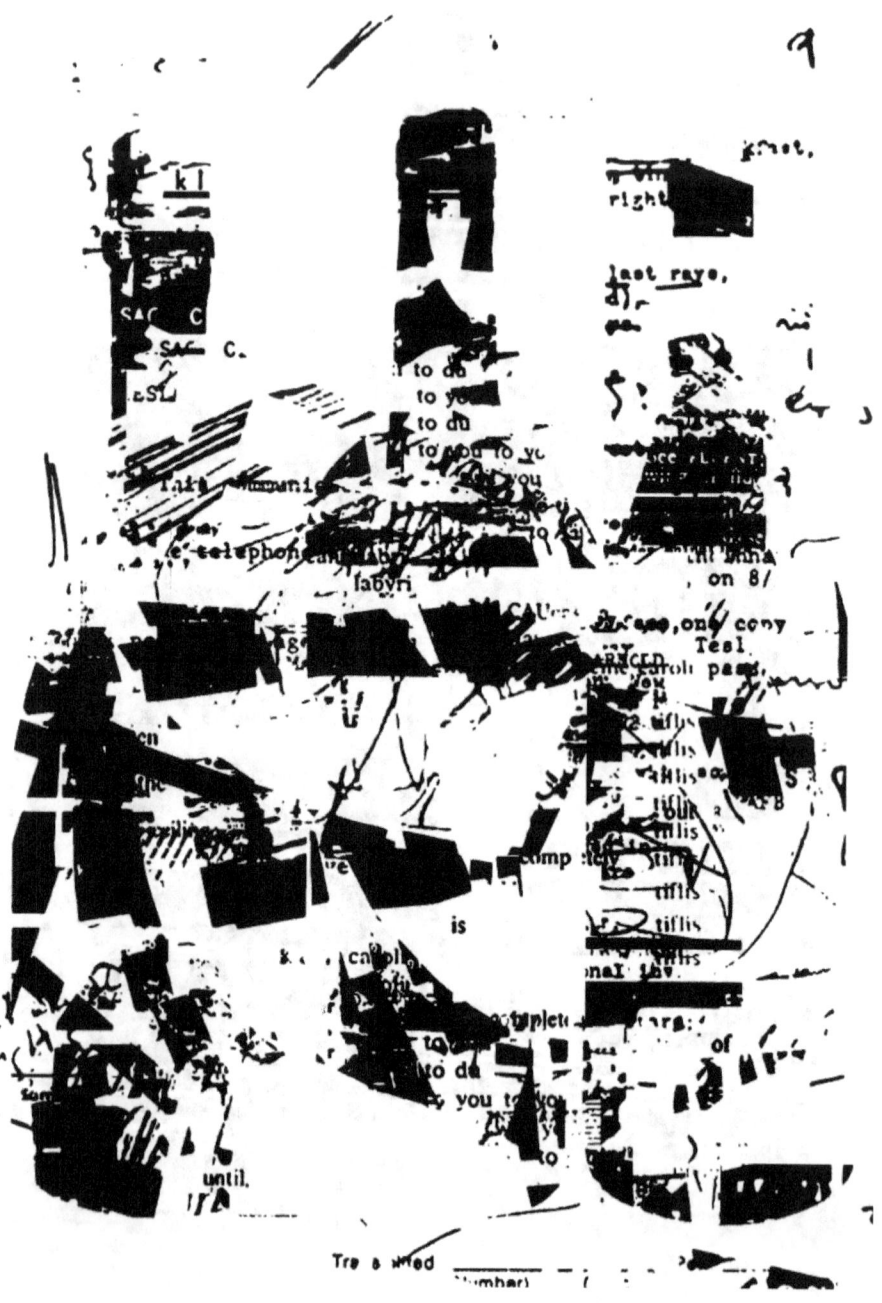

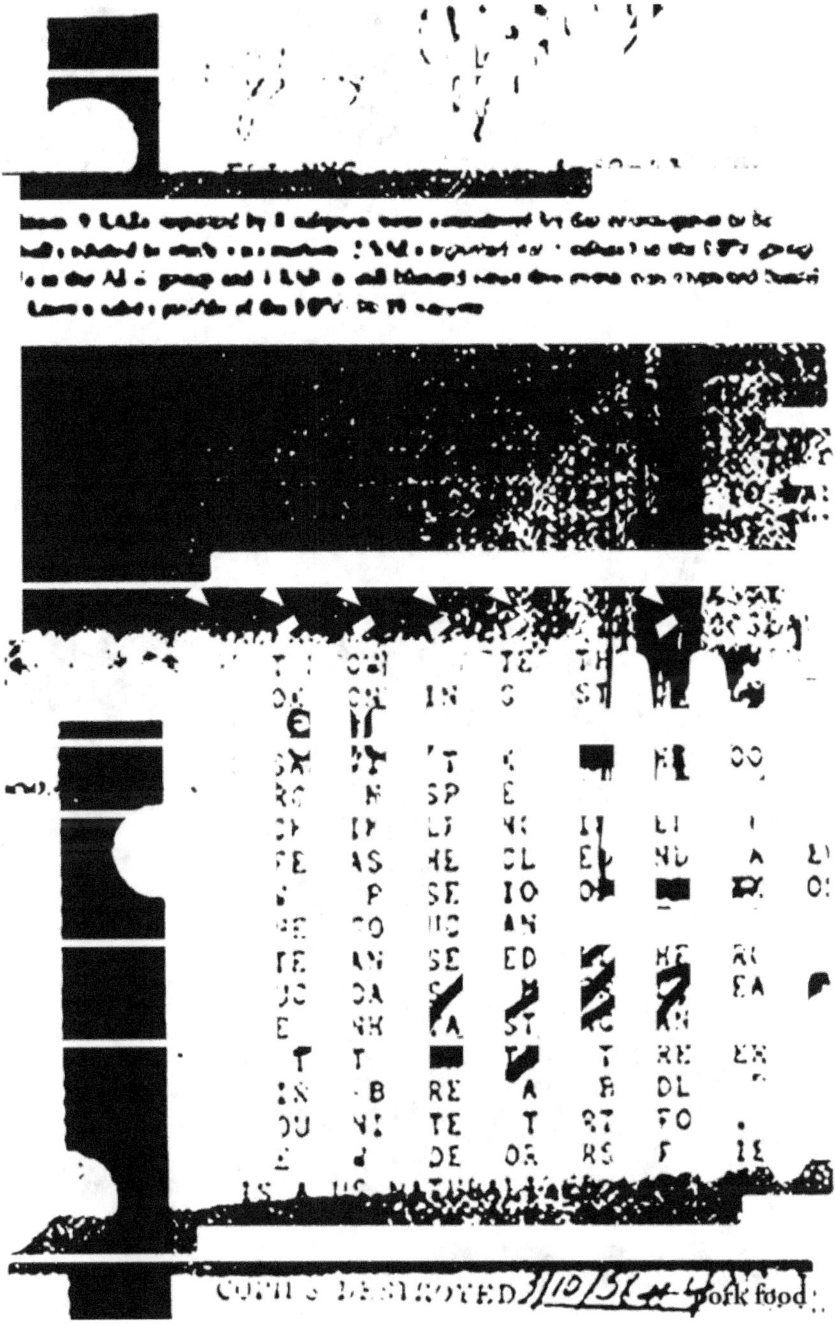

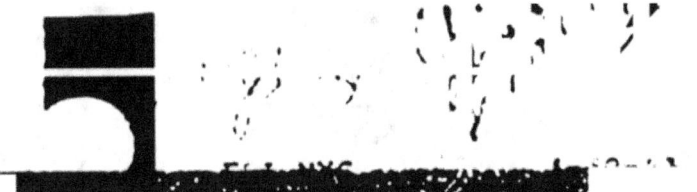

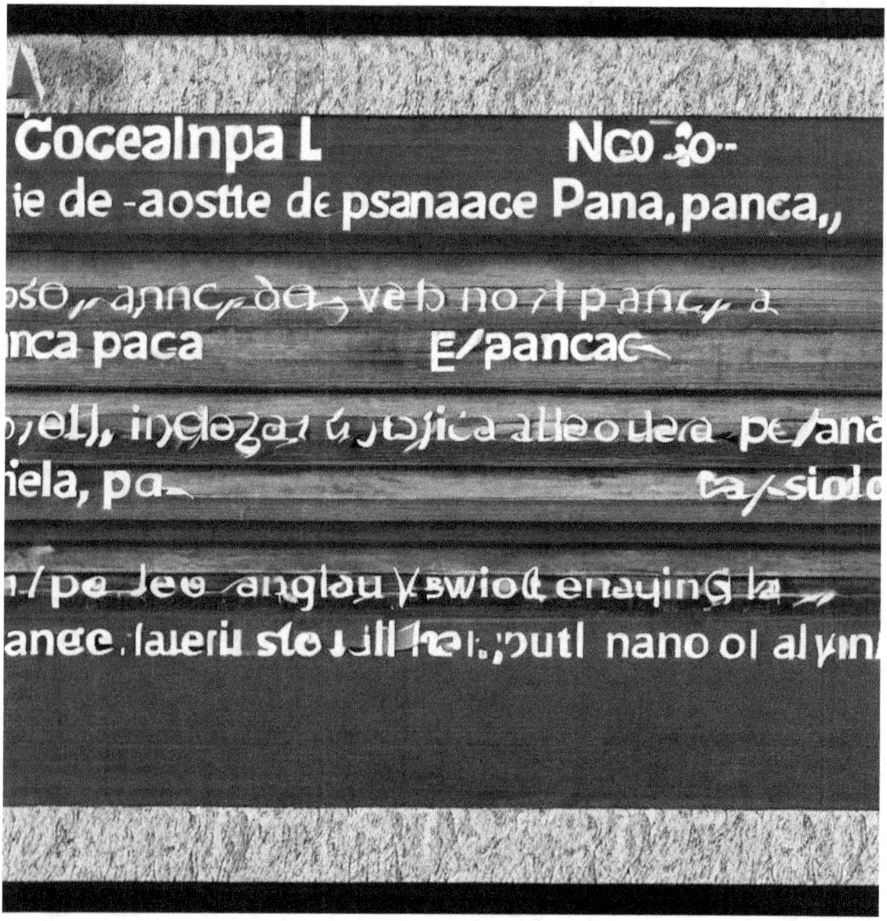

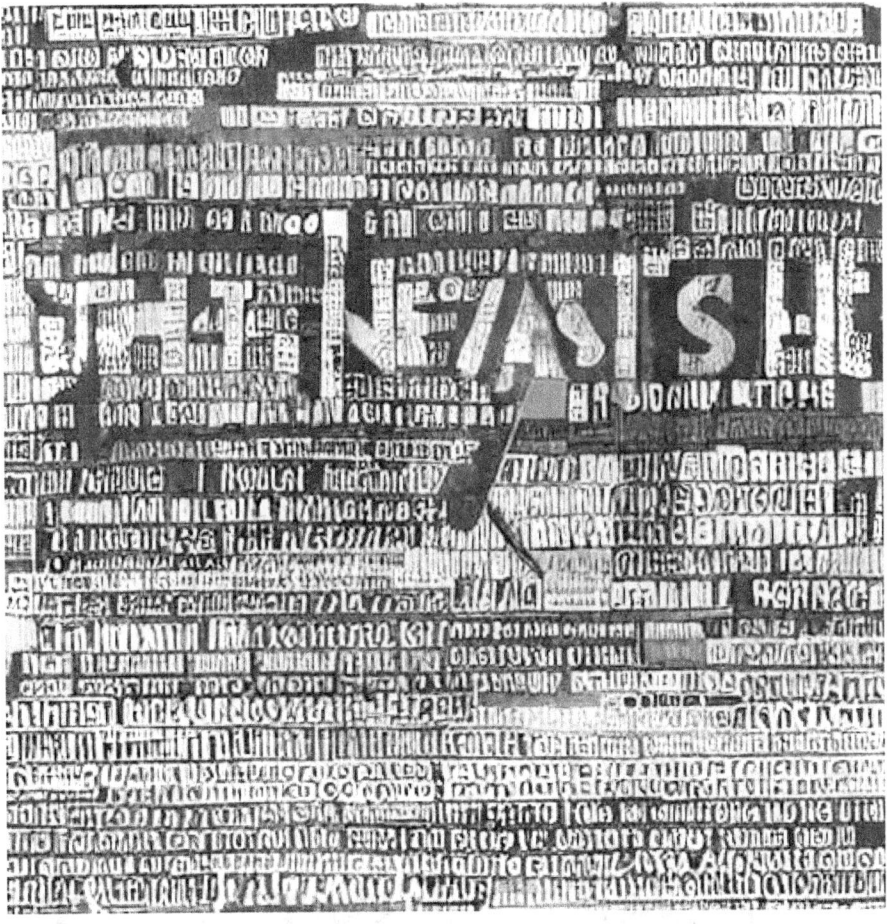

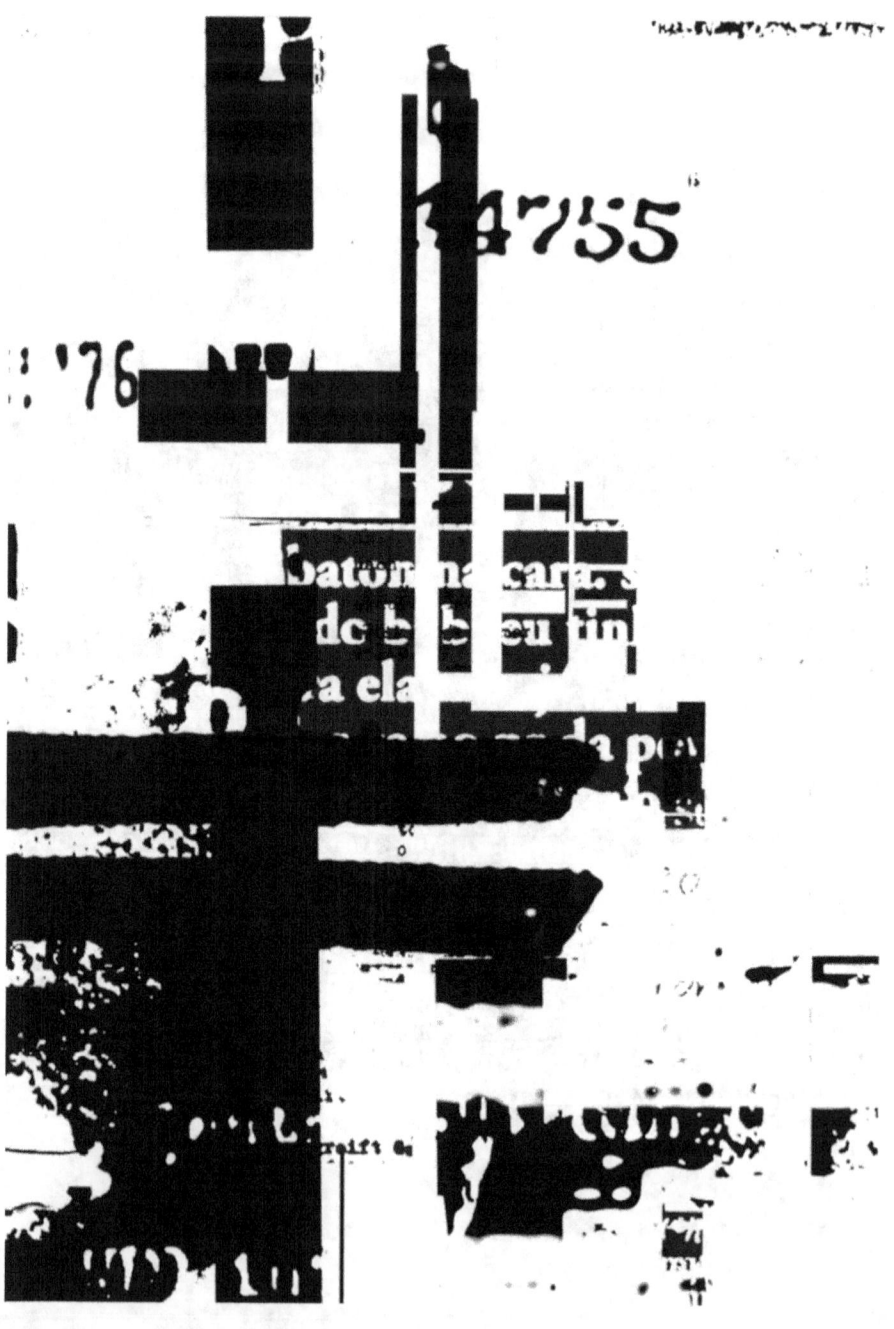

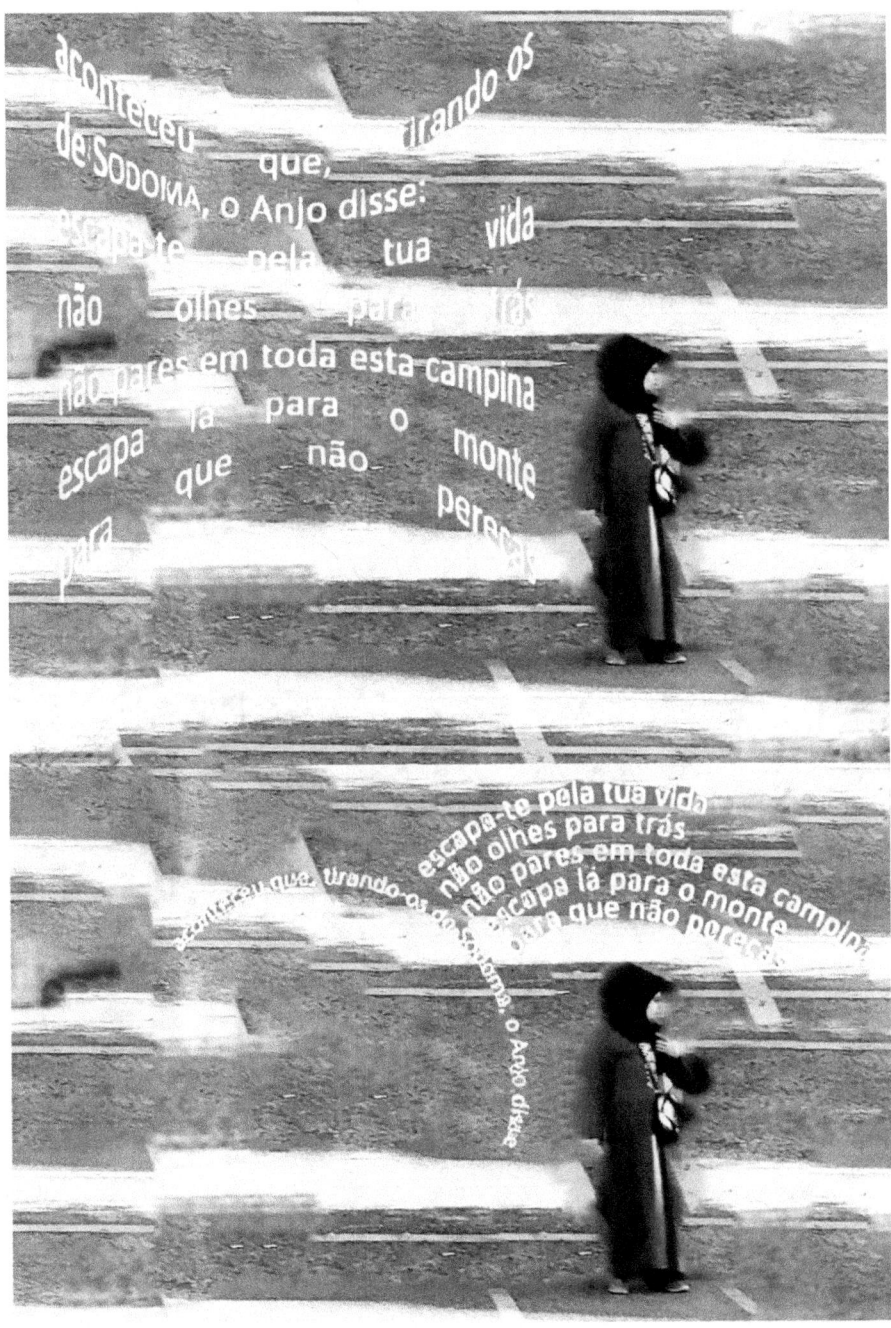

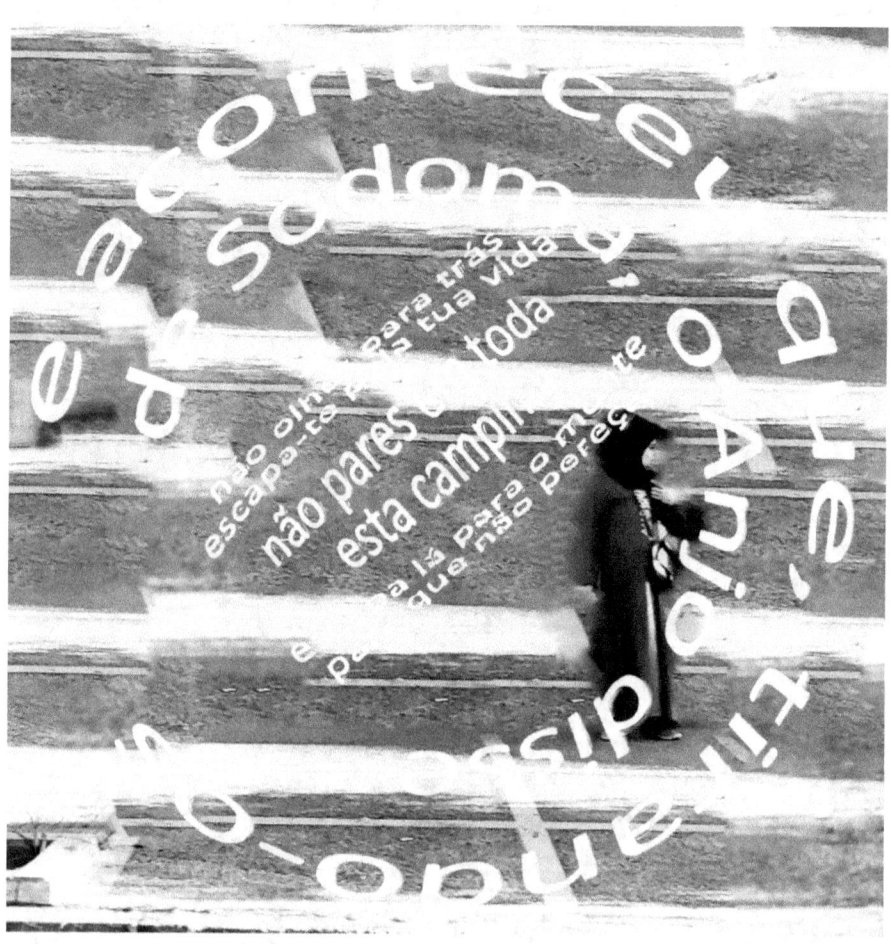

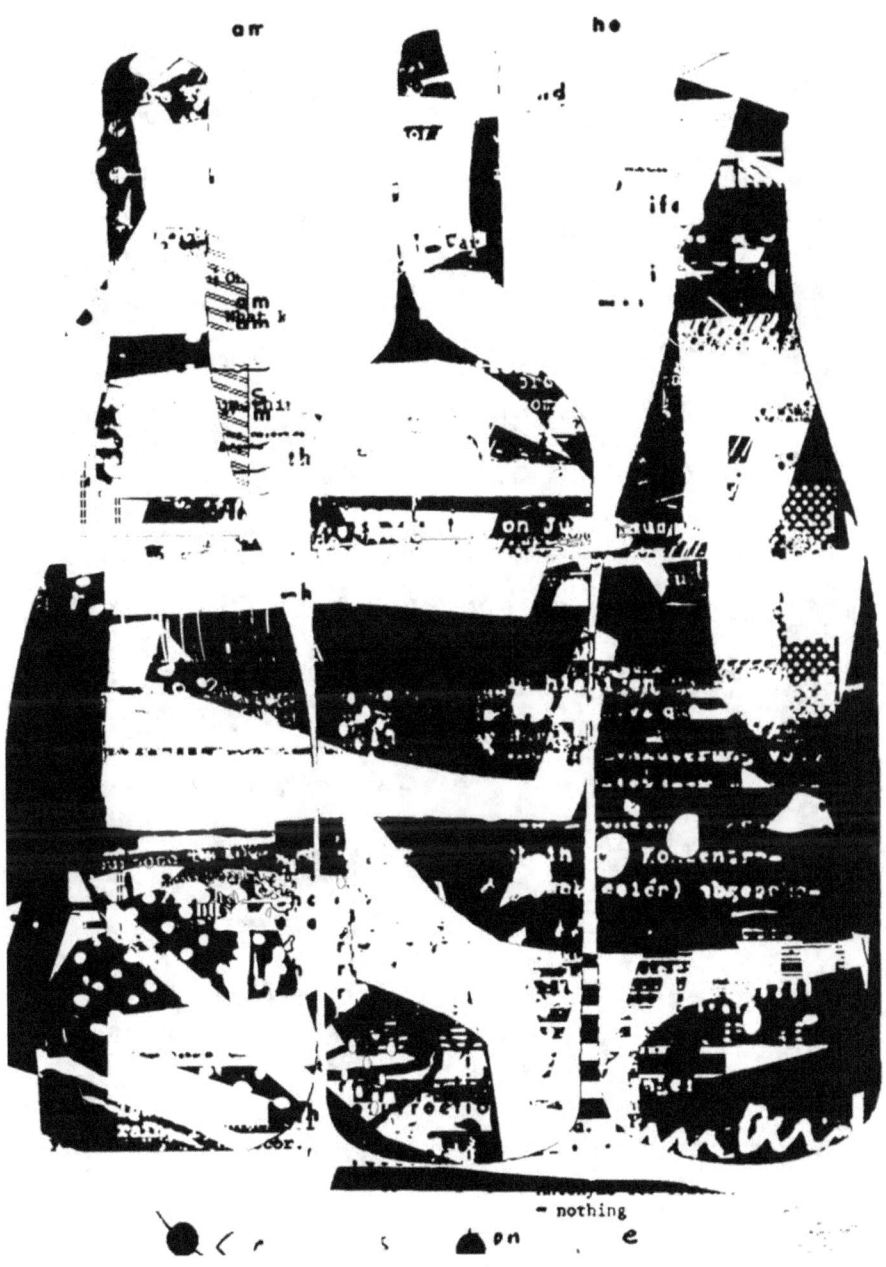

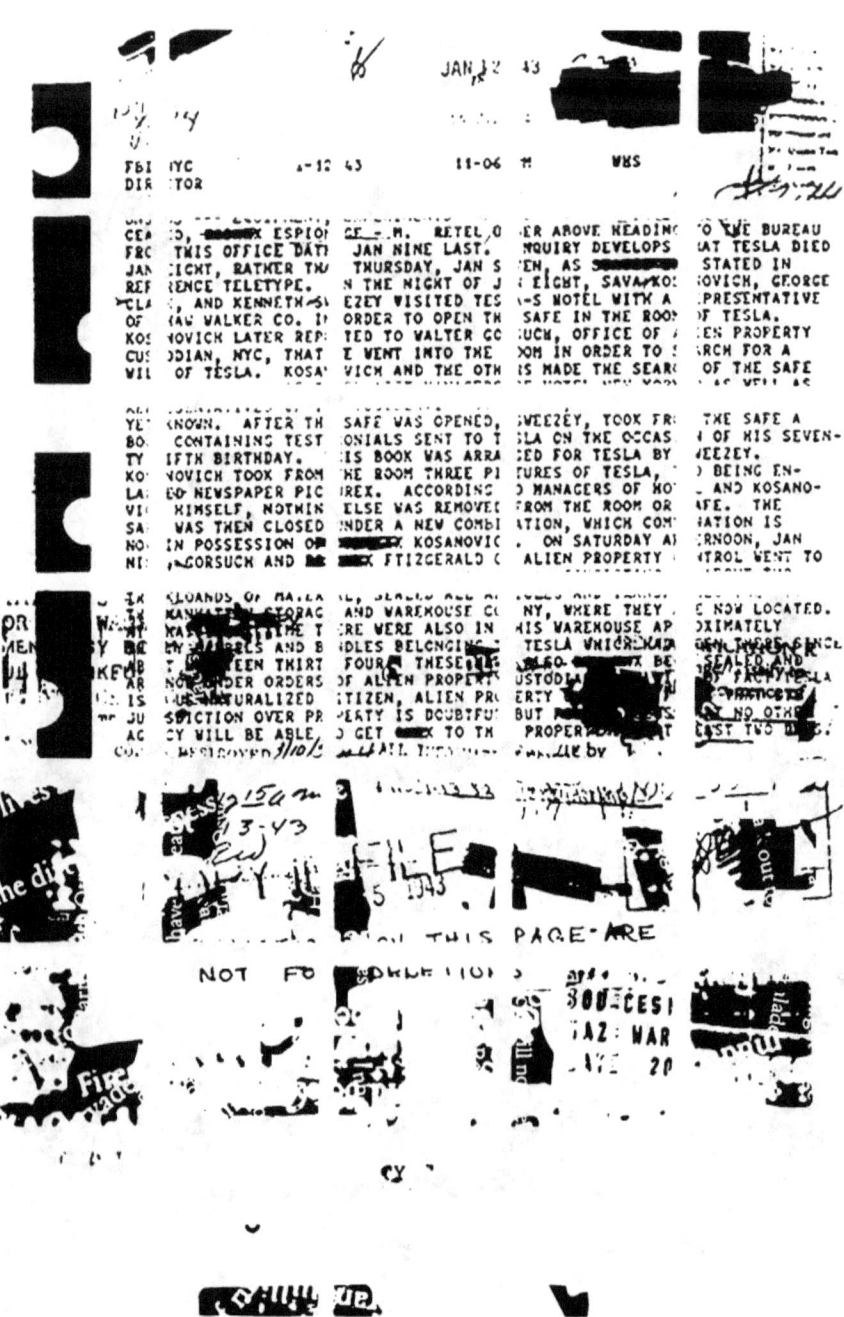

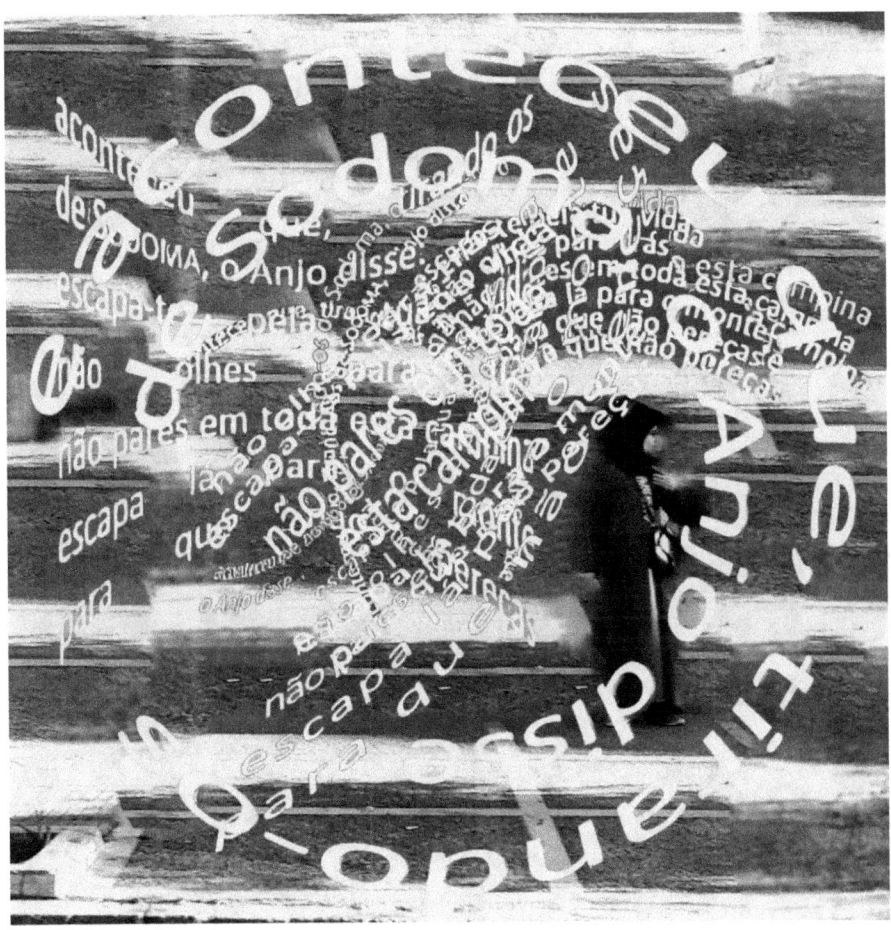

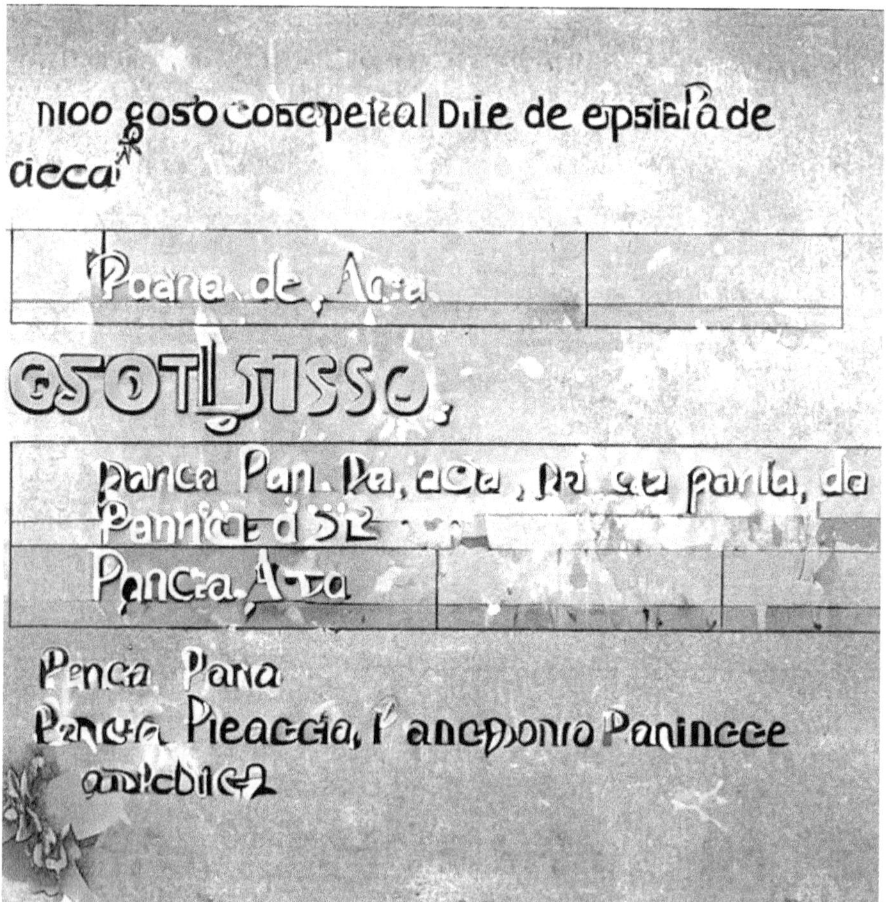

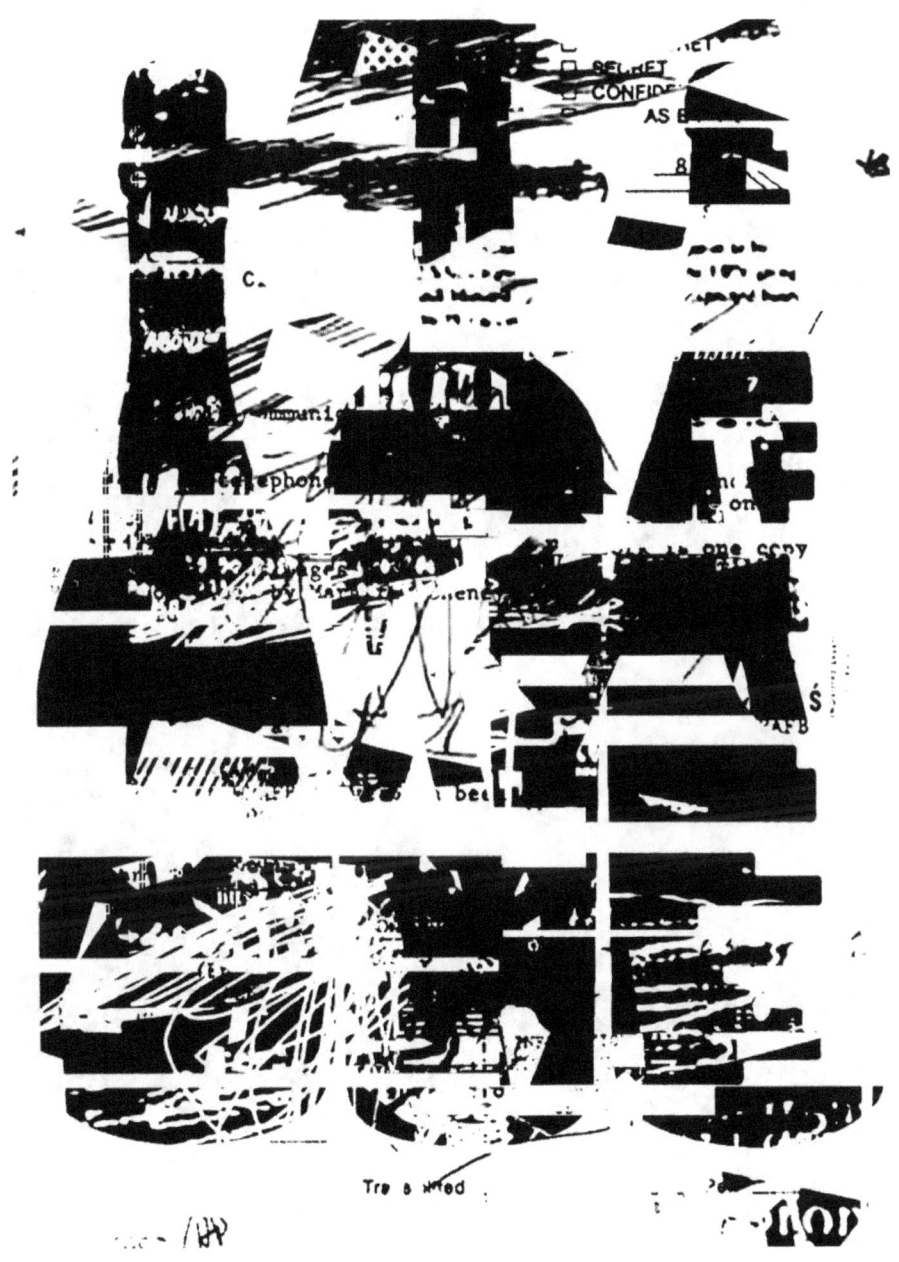

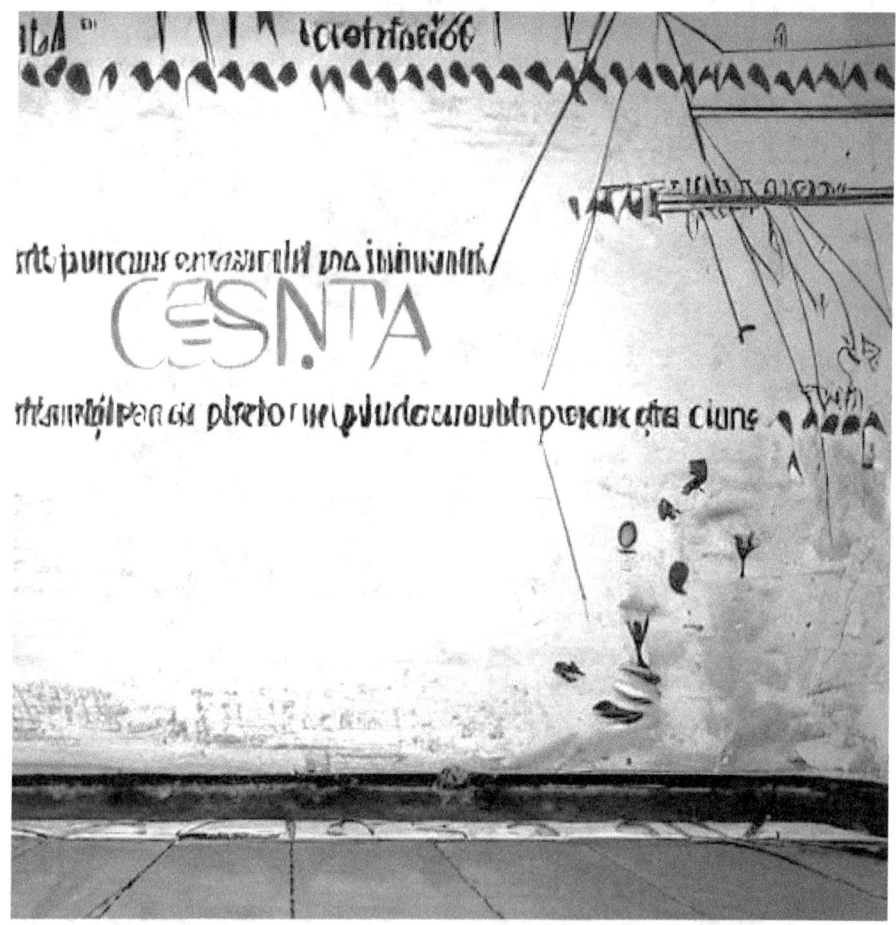

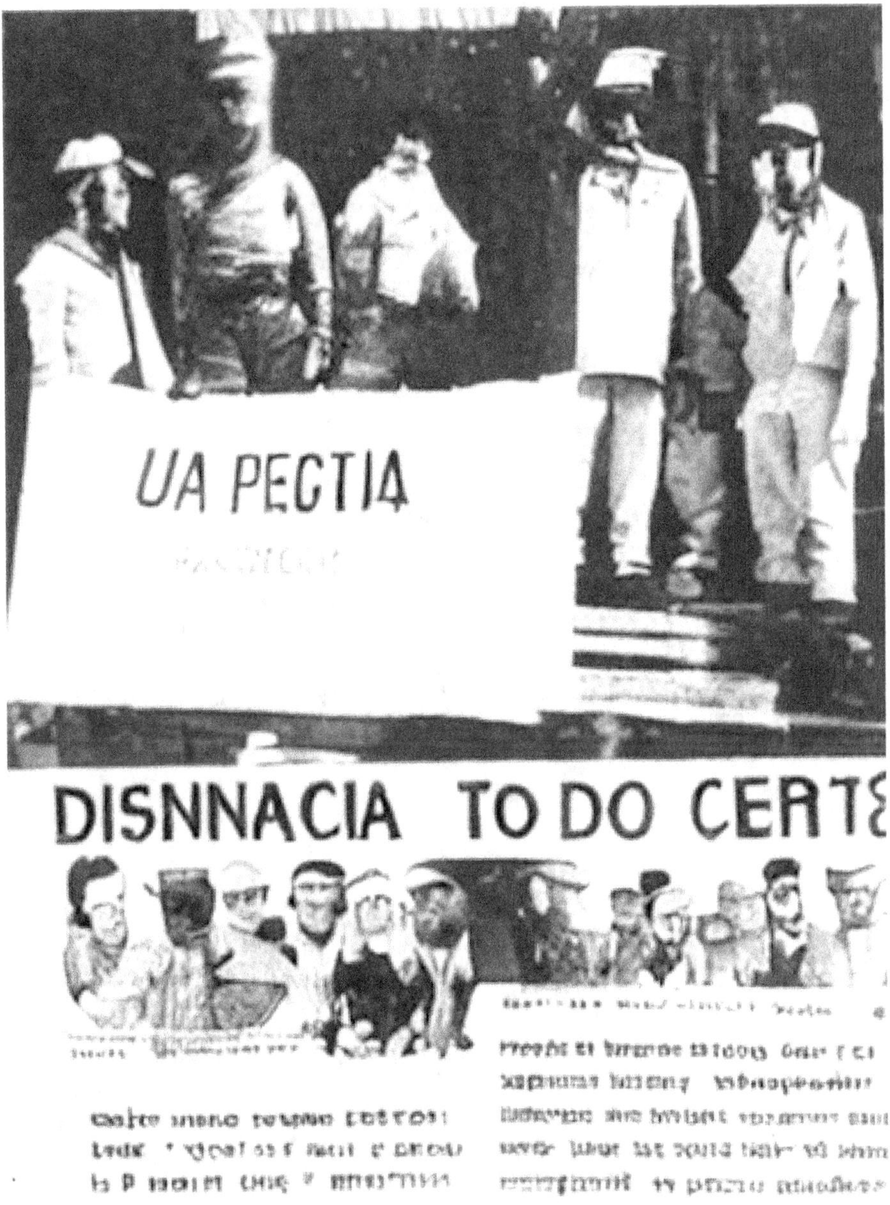

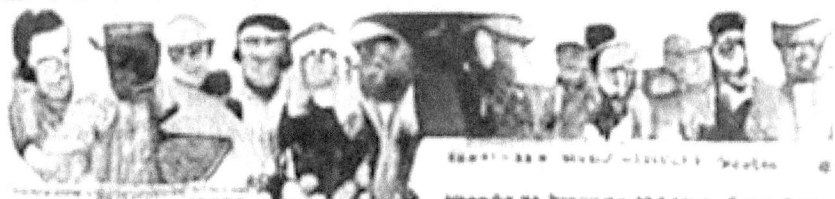

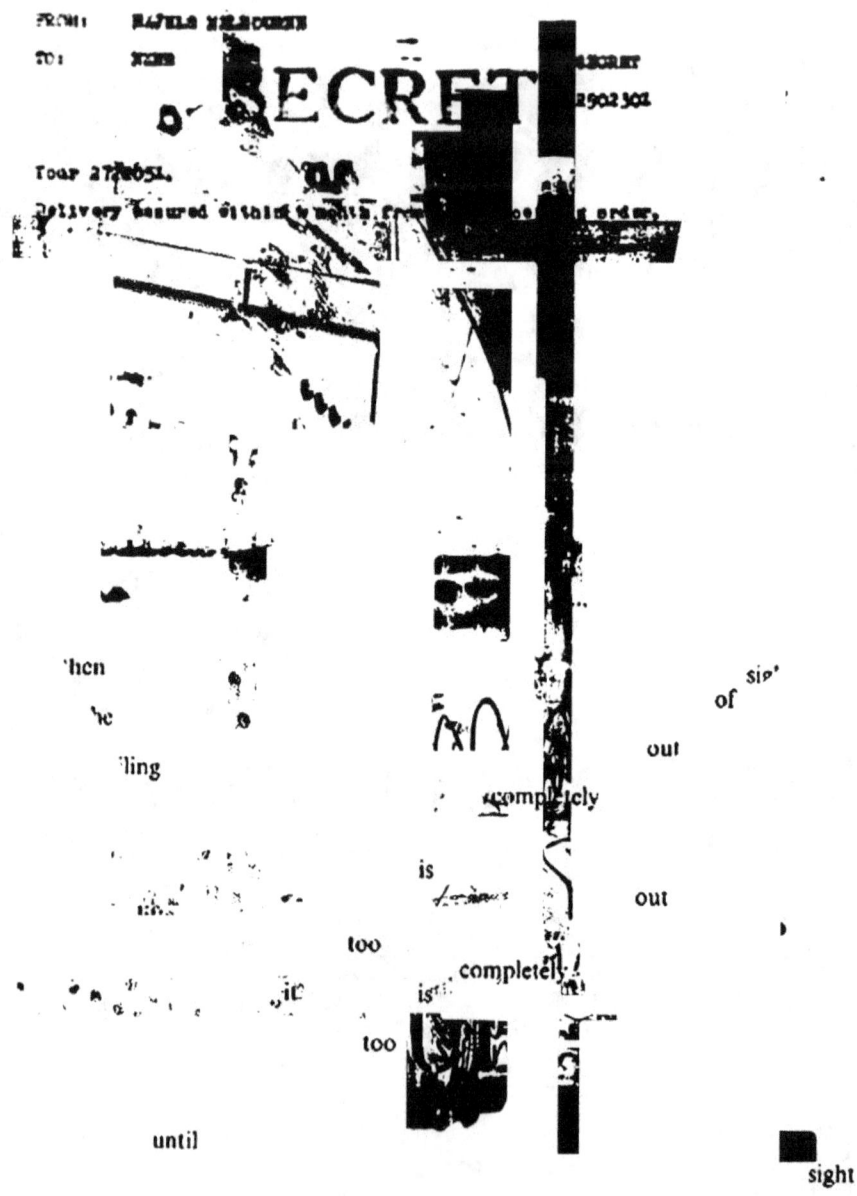

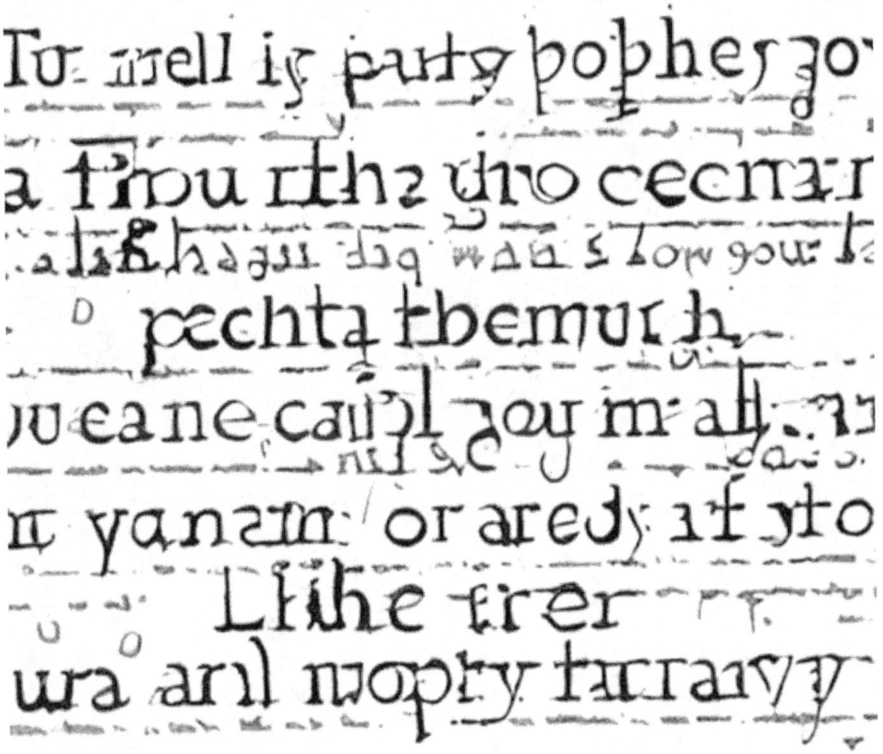

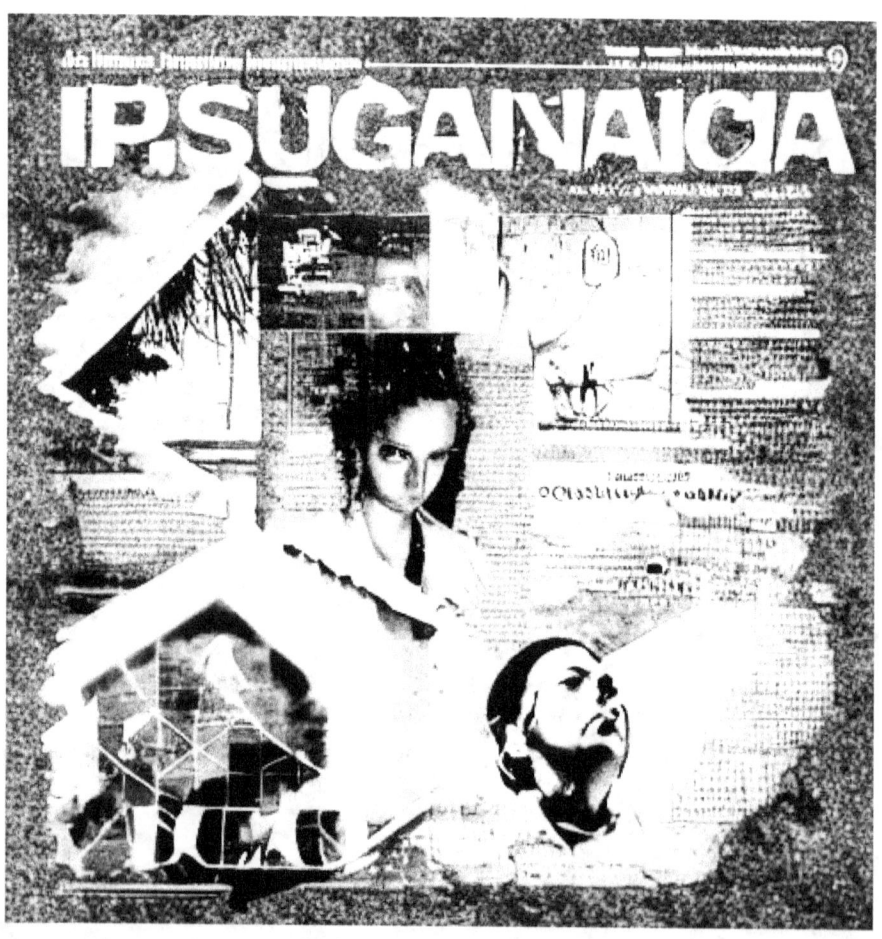

de Paris, com um sorriso

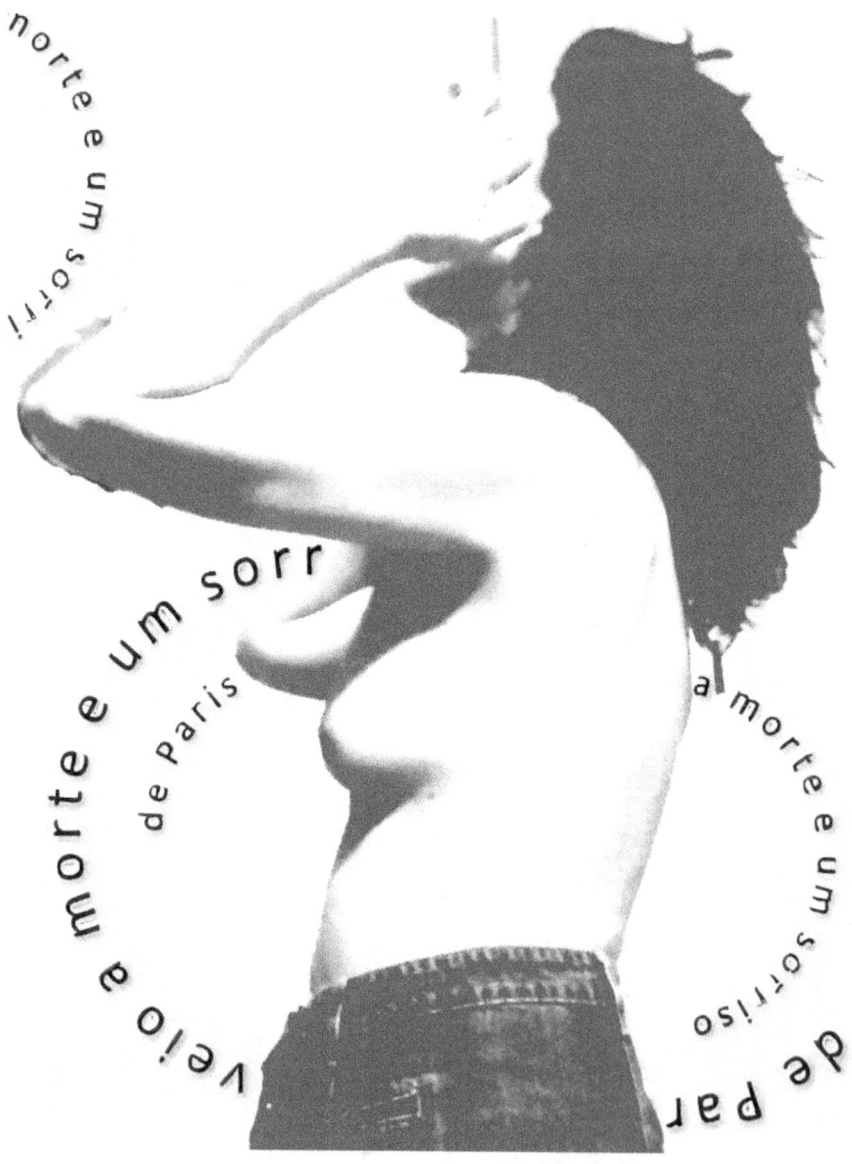

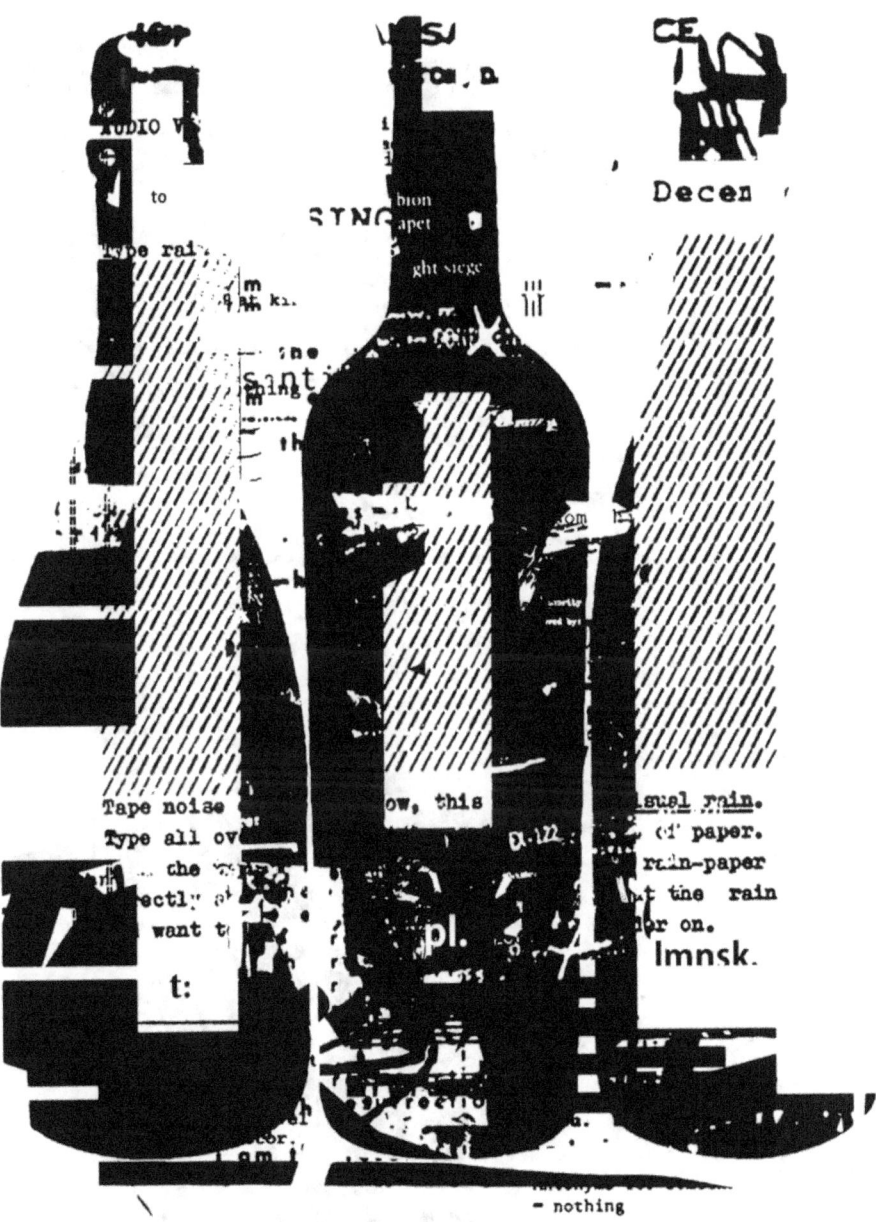

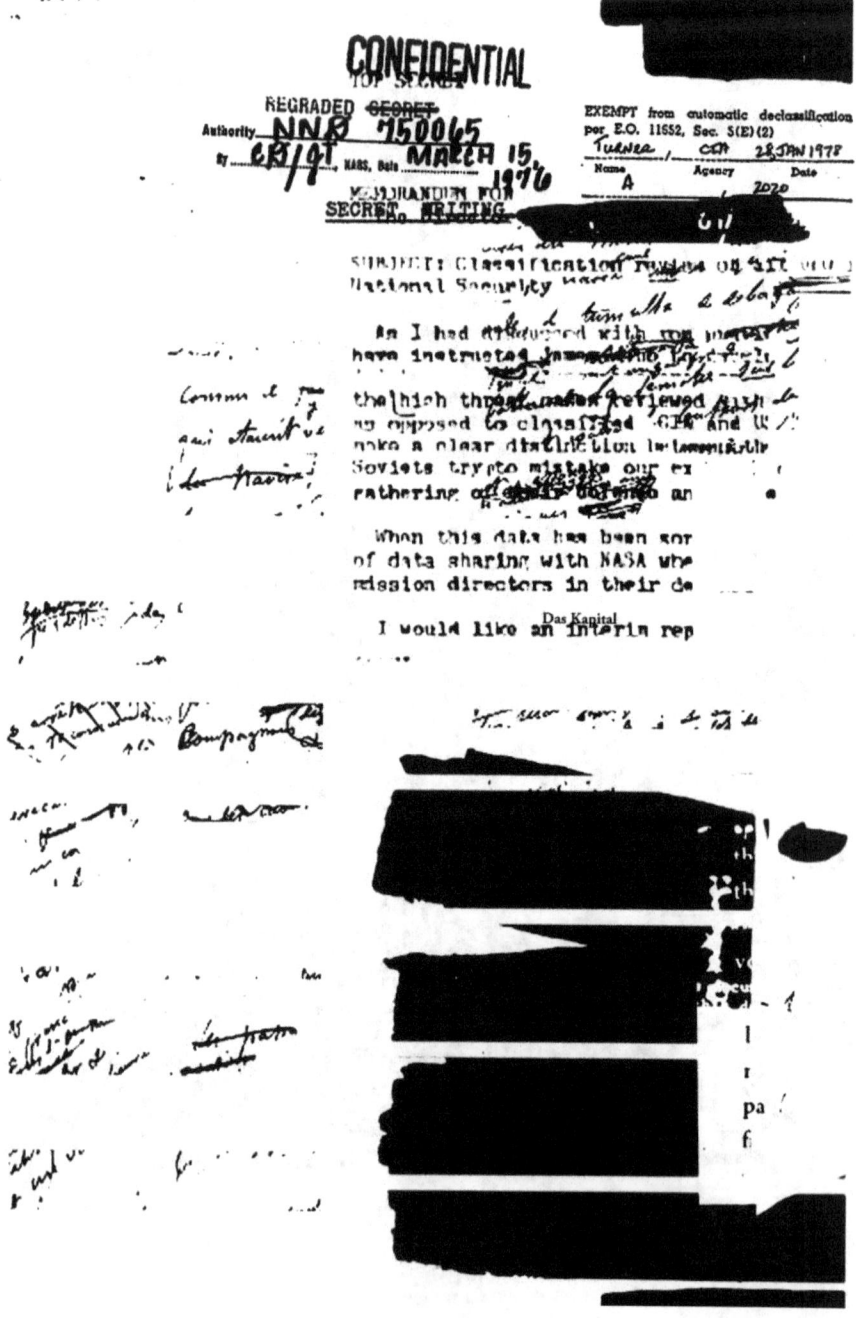

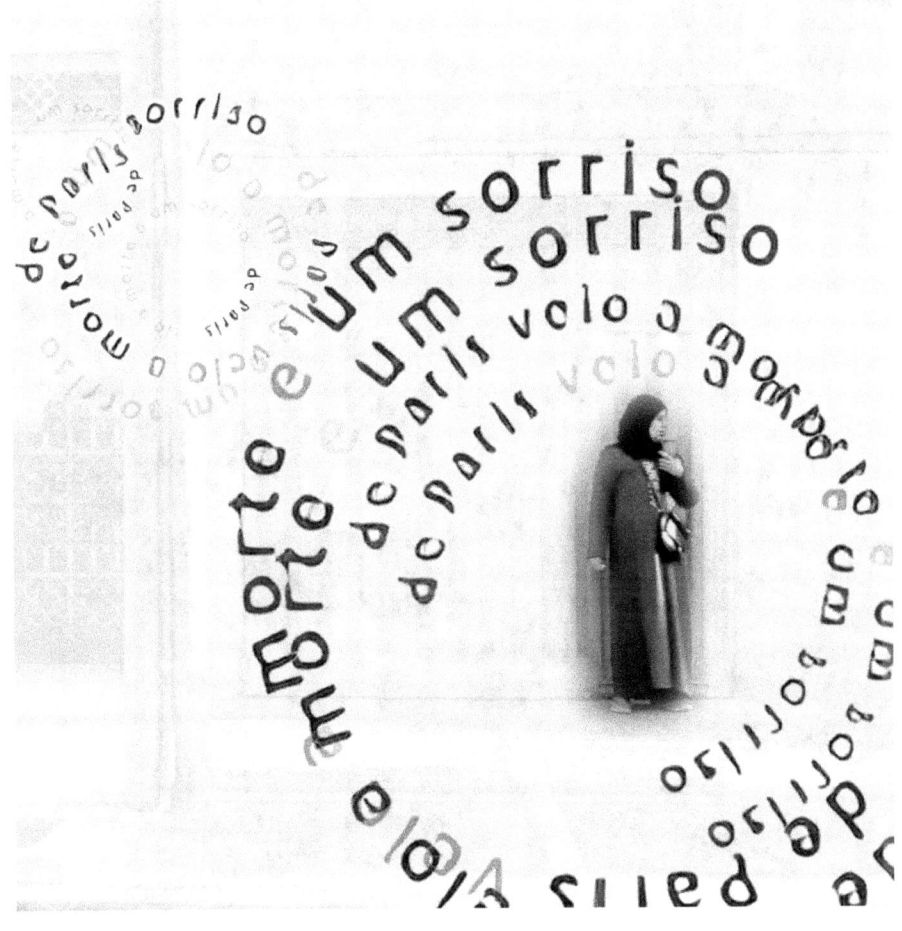

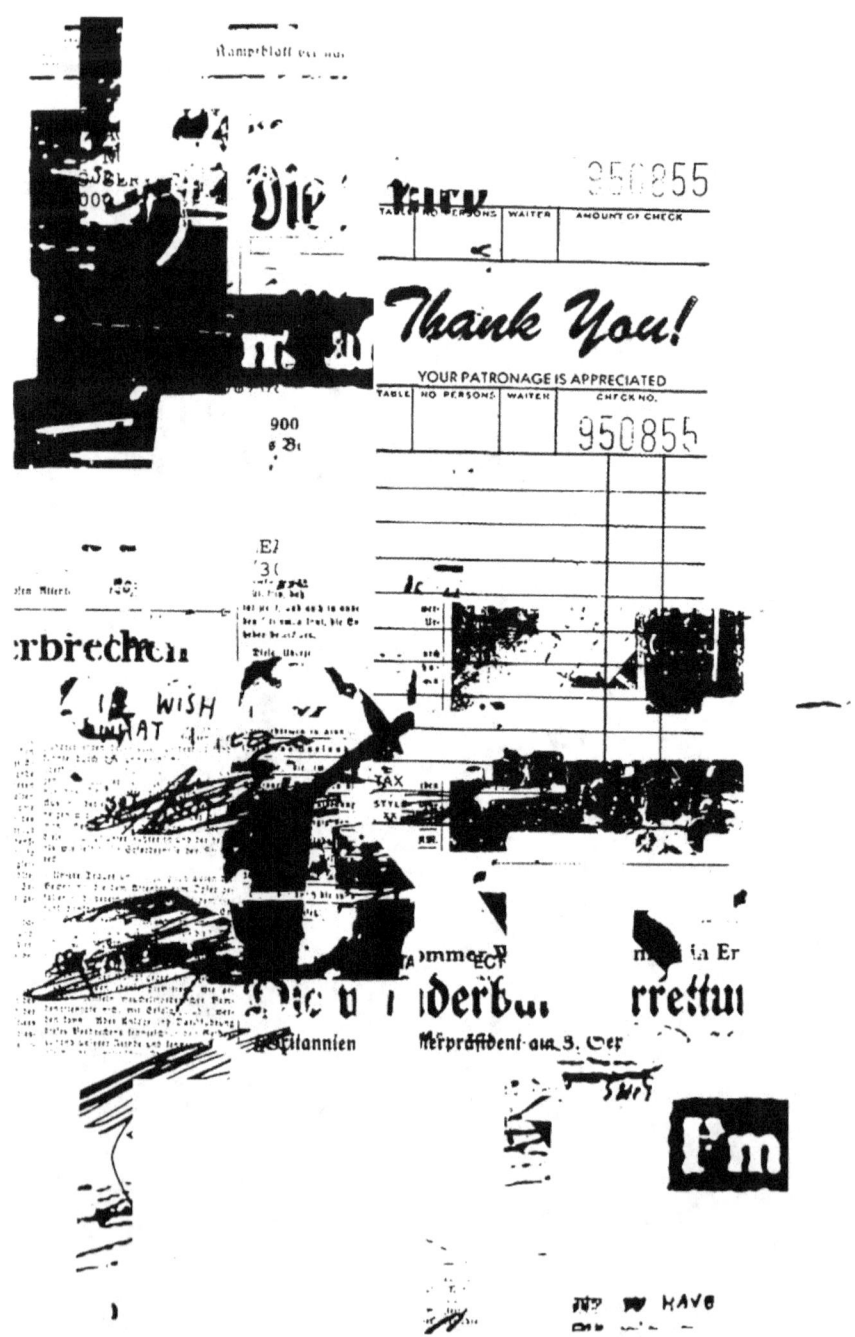

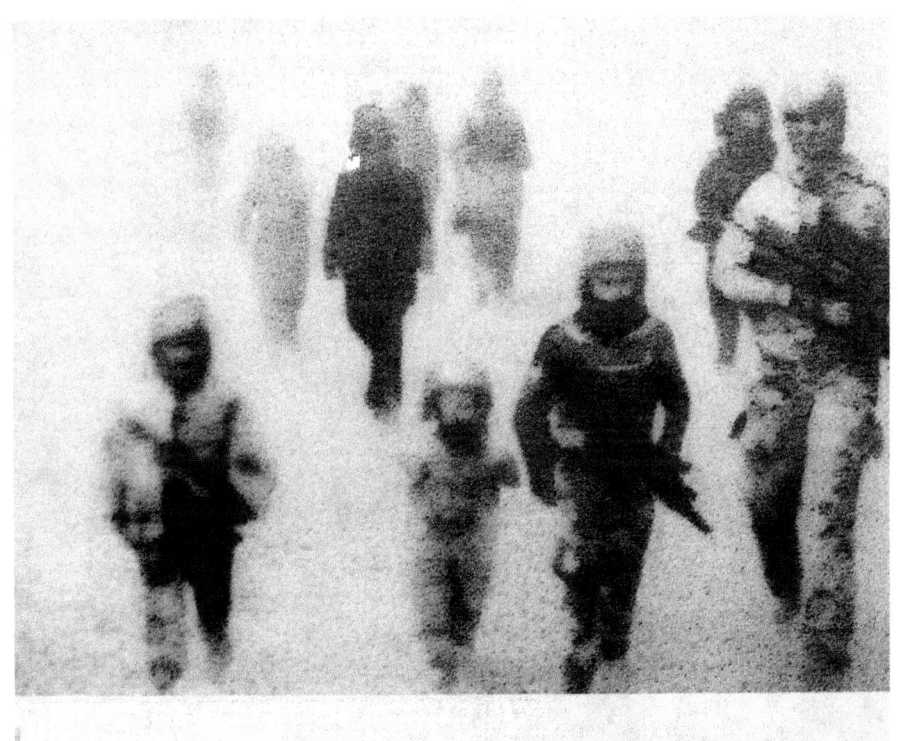

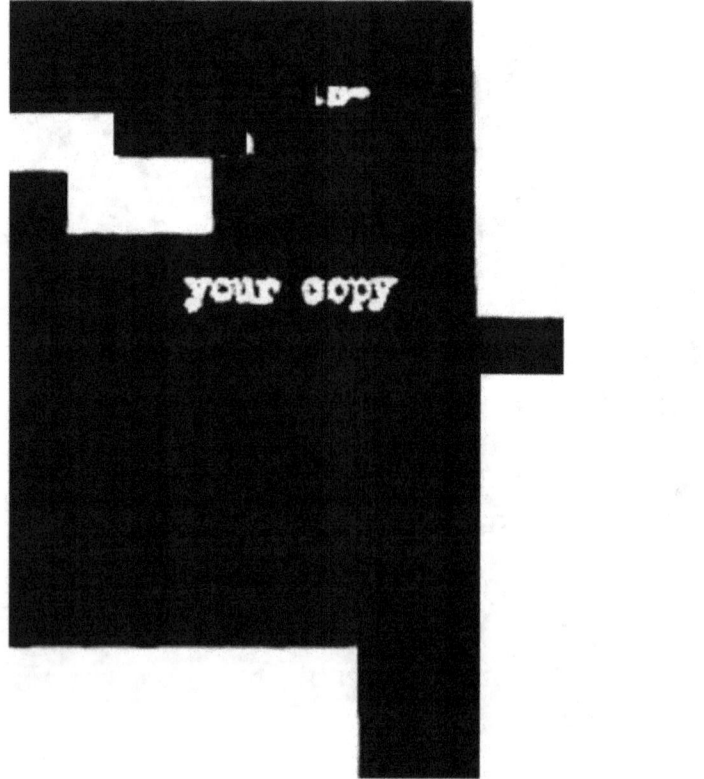

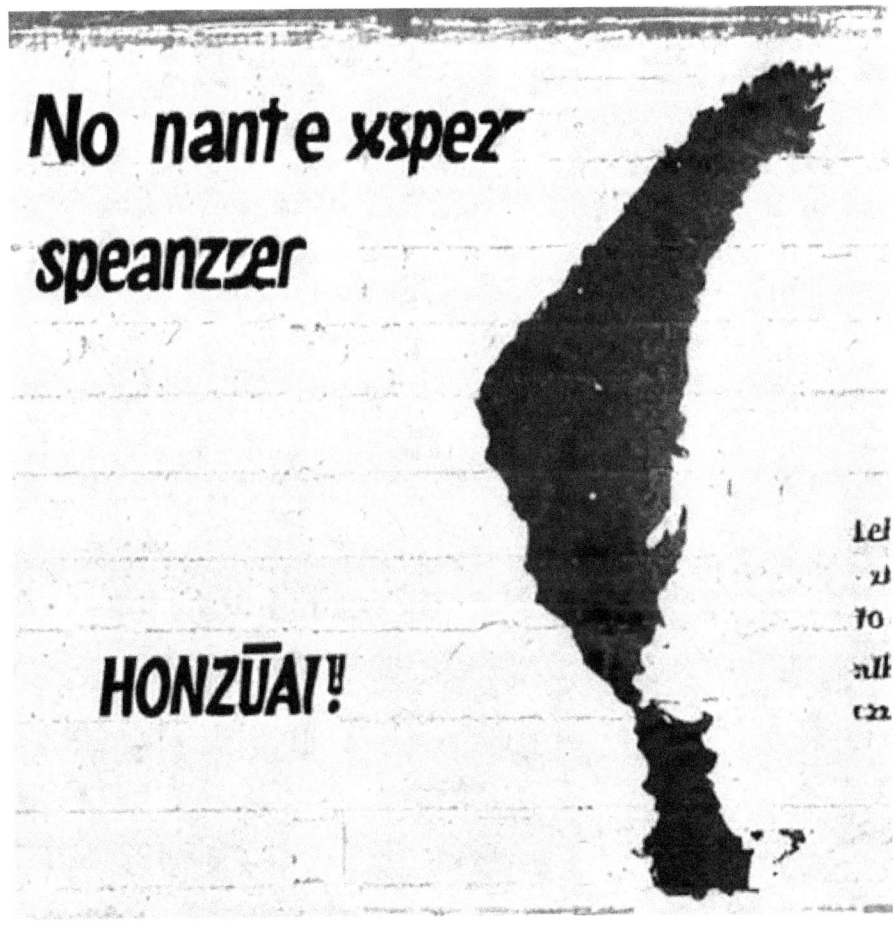

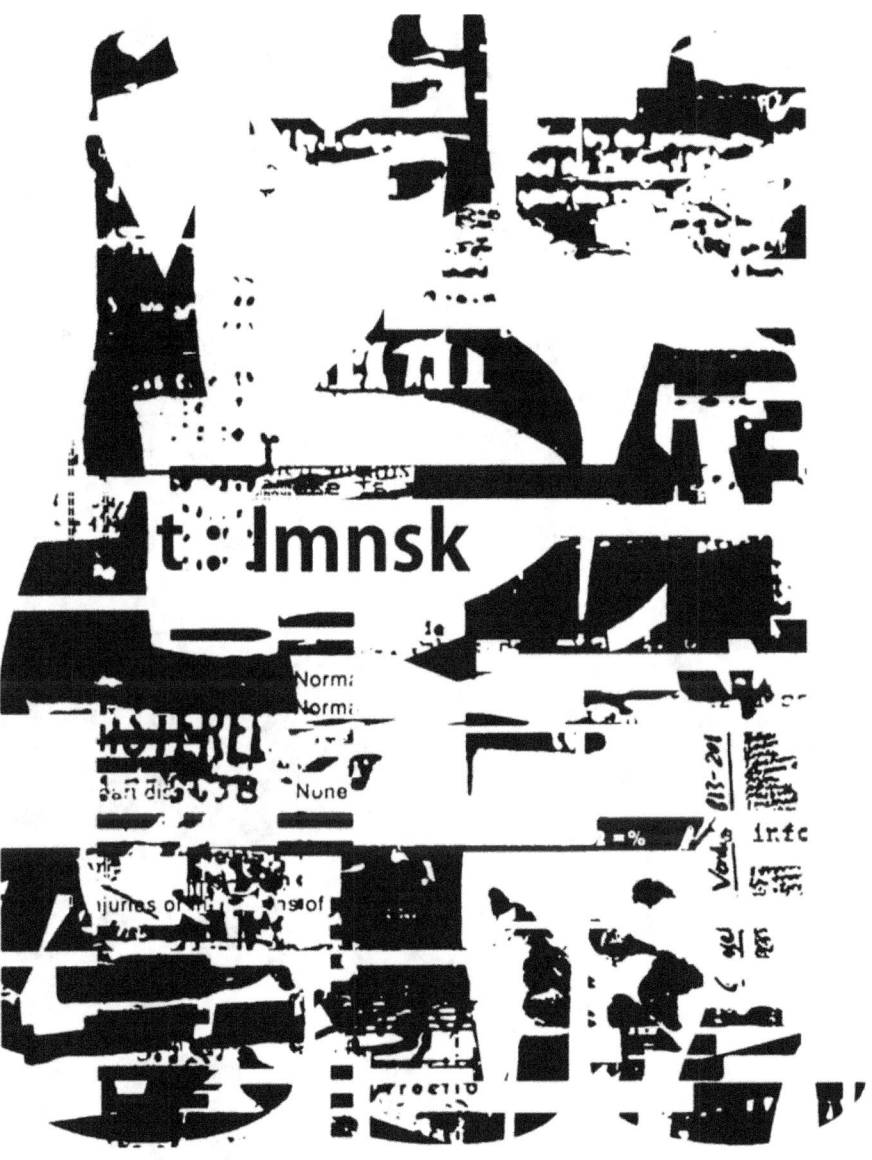

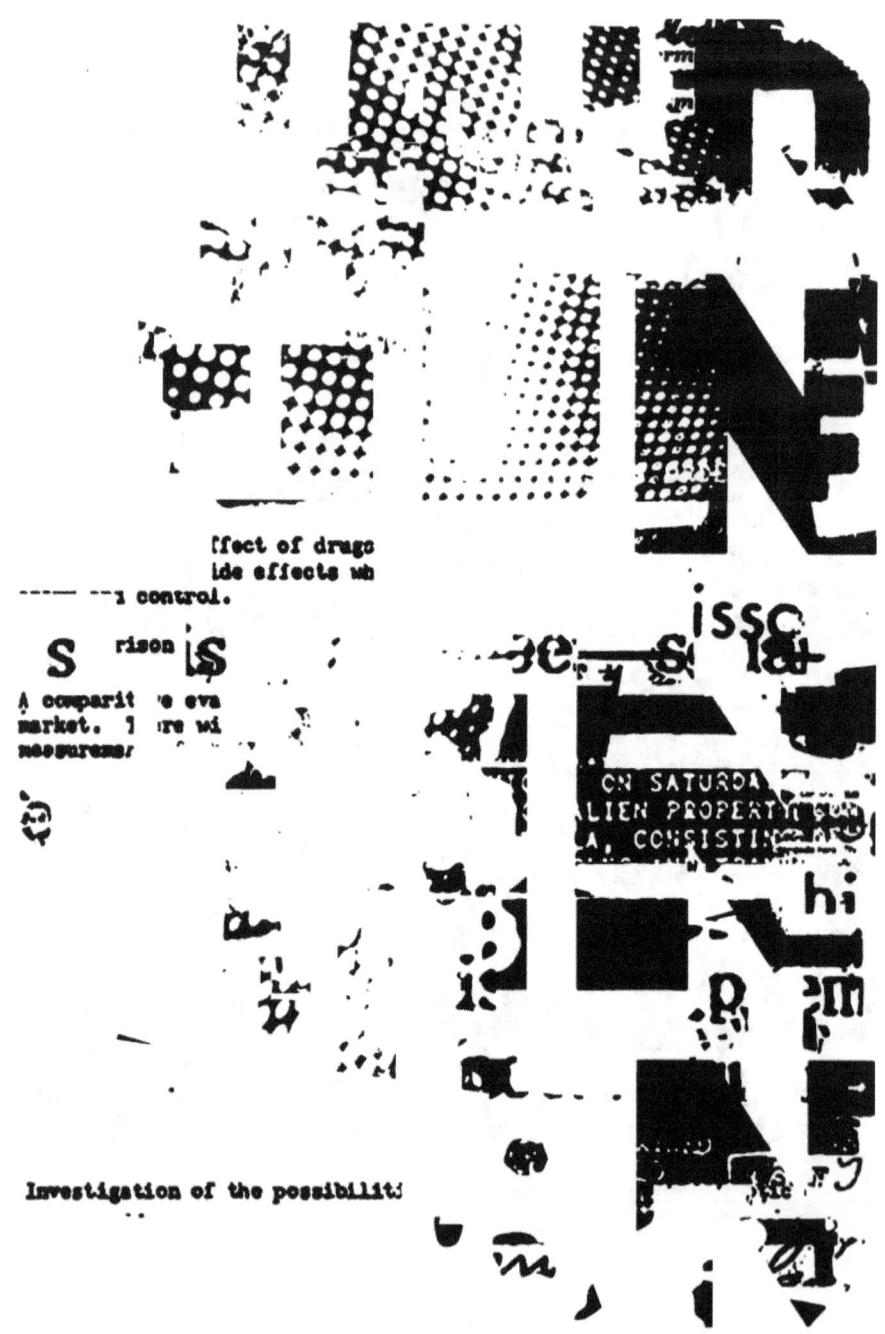

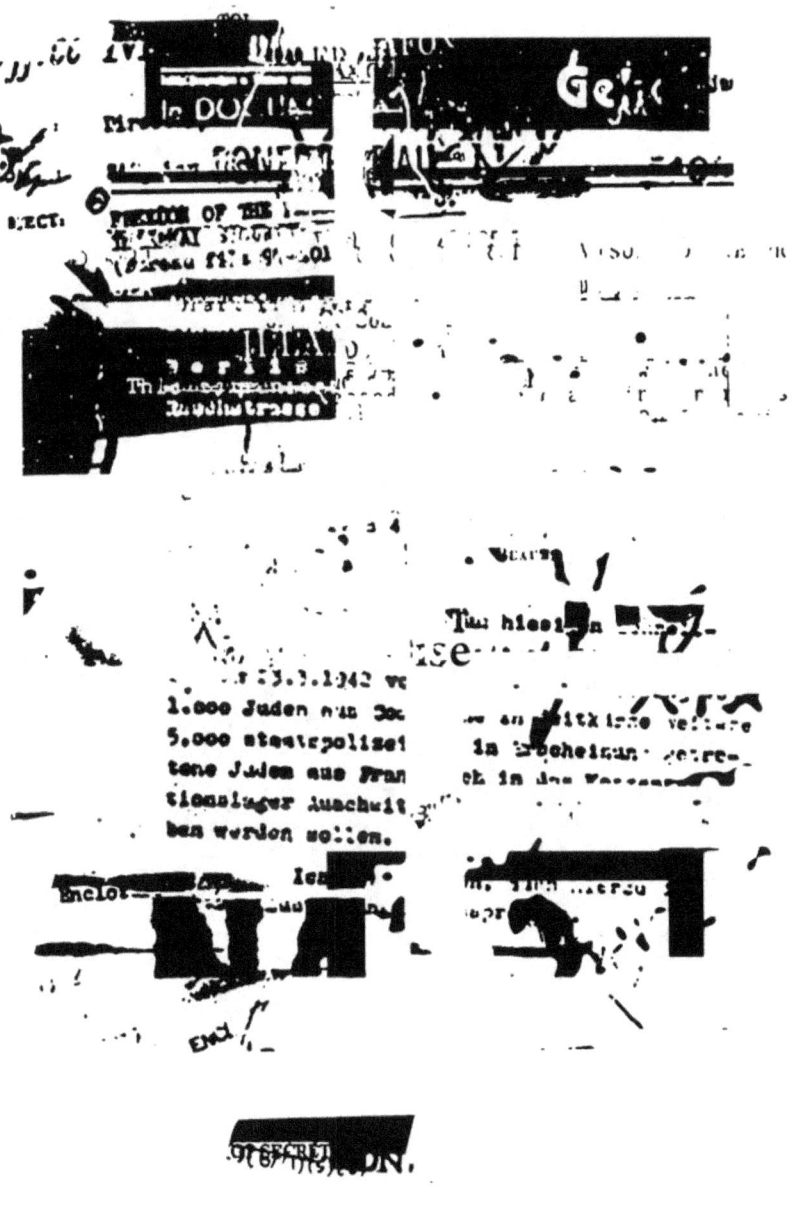

Form. Mod.

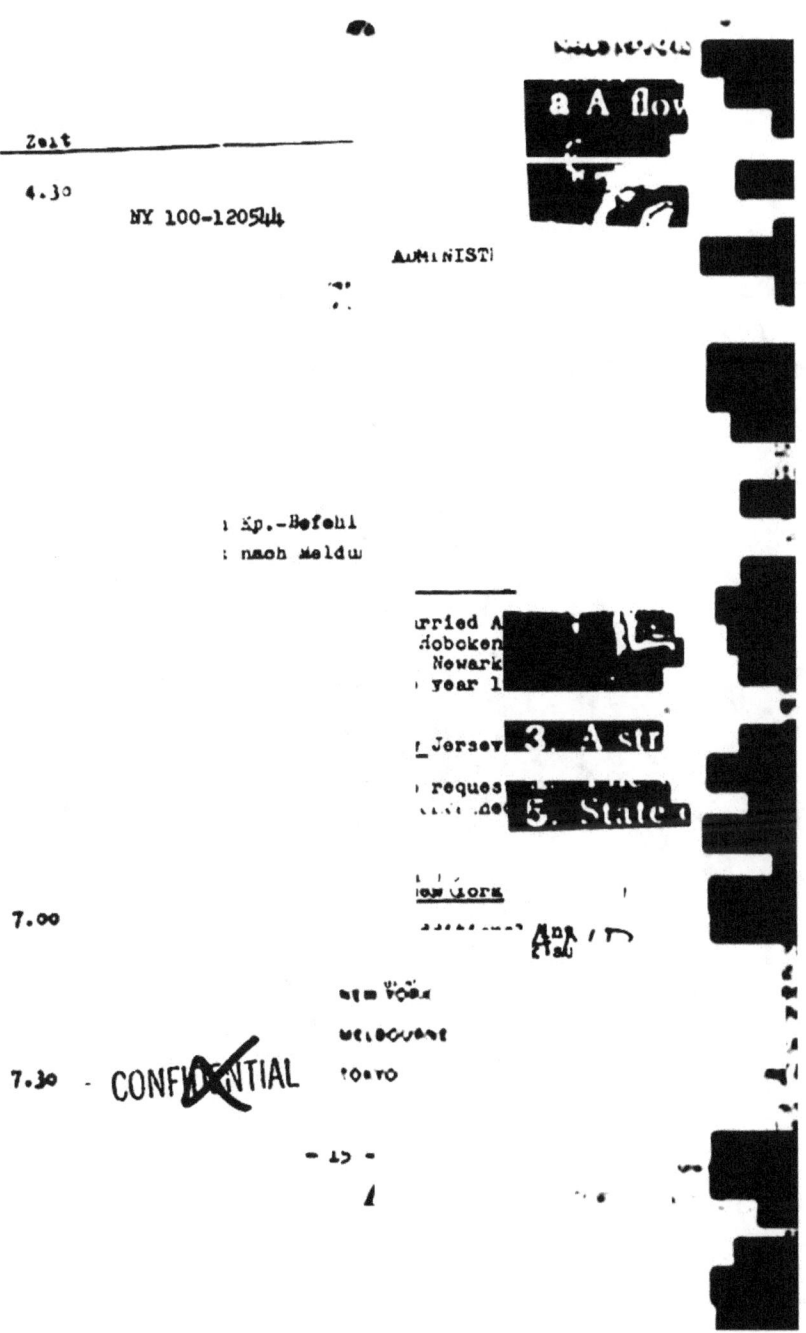

Flonpmesstaligs che cvour
choeliegjenrs or munmik nant
brors worire ignr wee tolirixy.

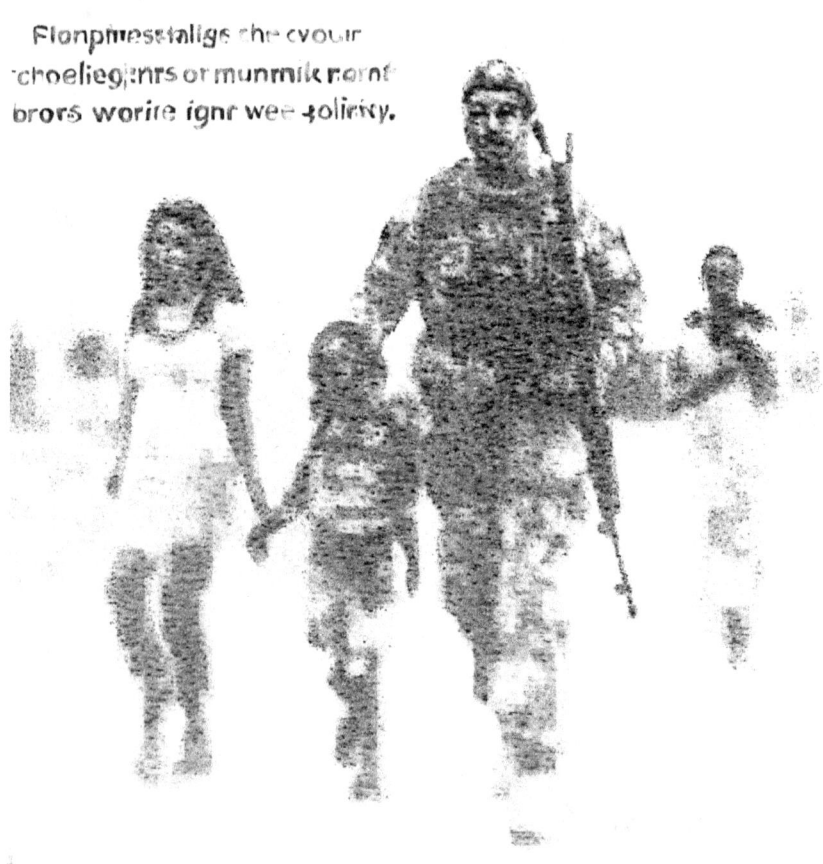

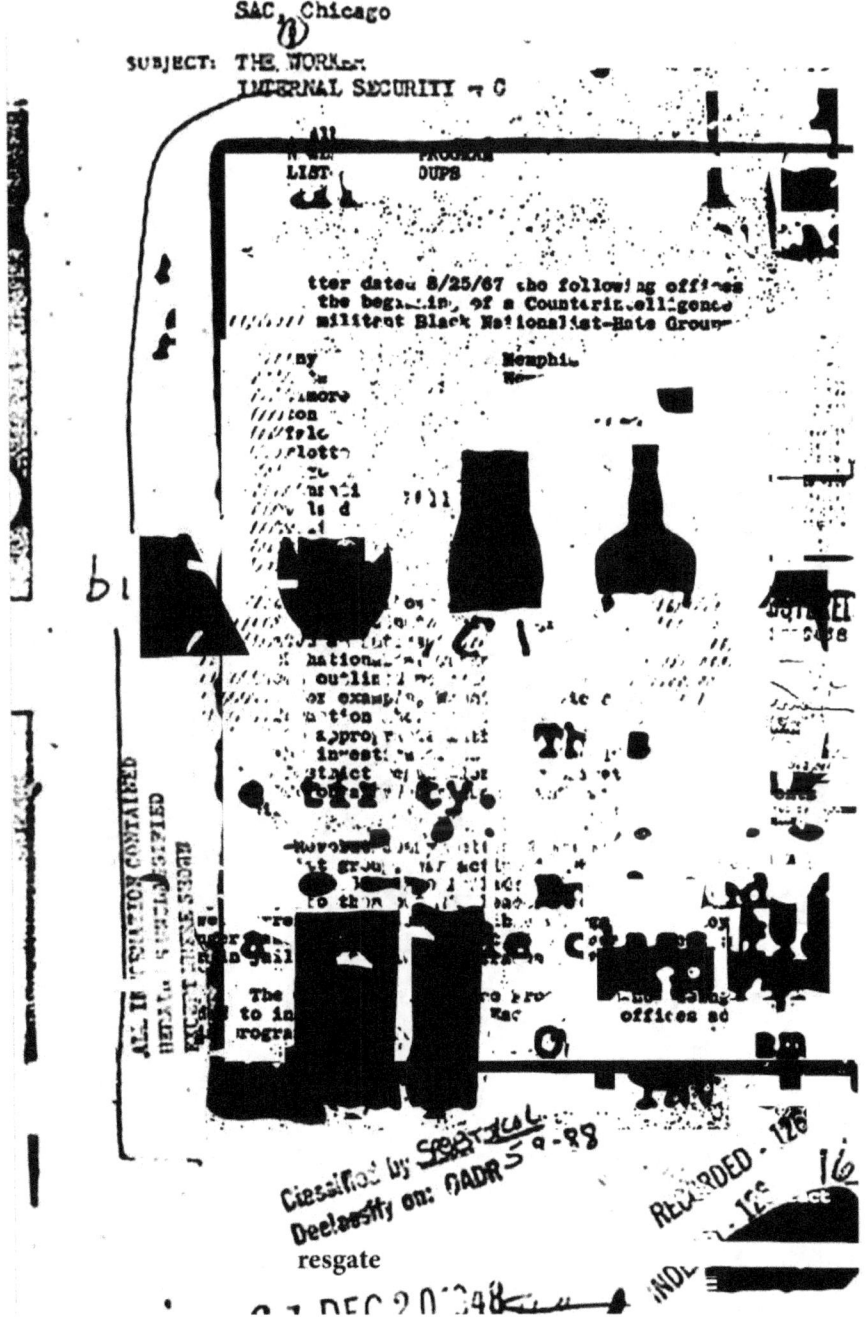

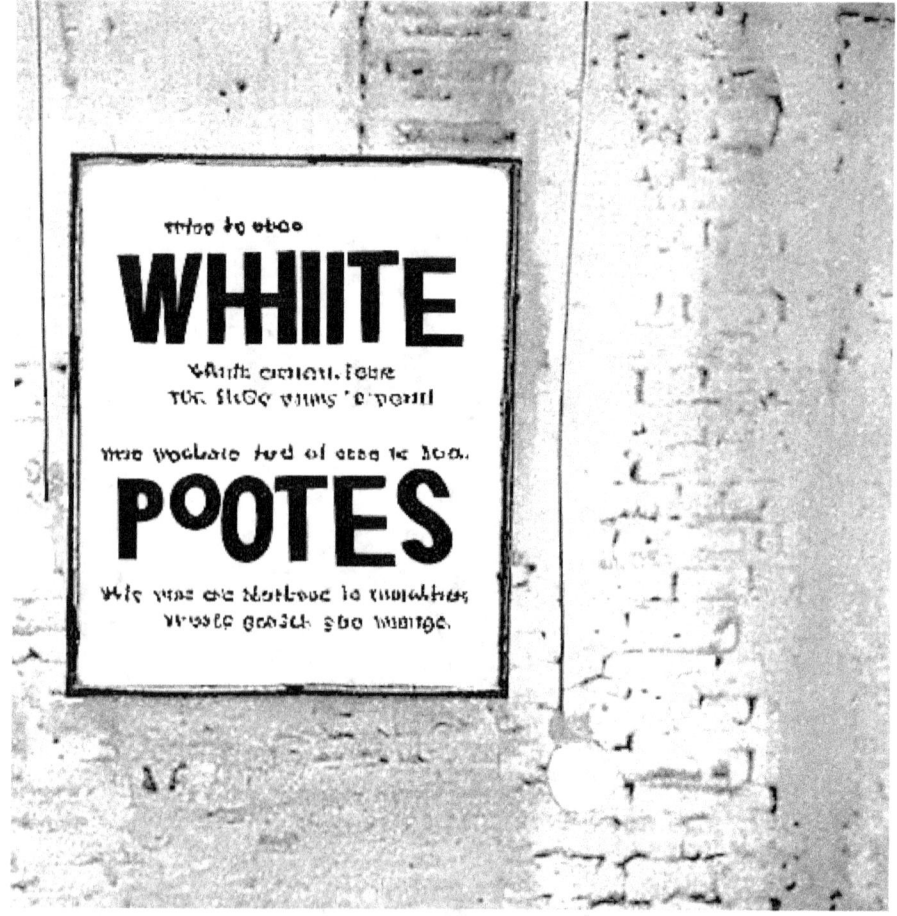

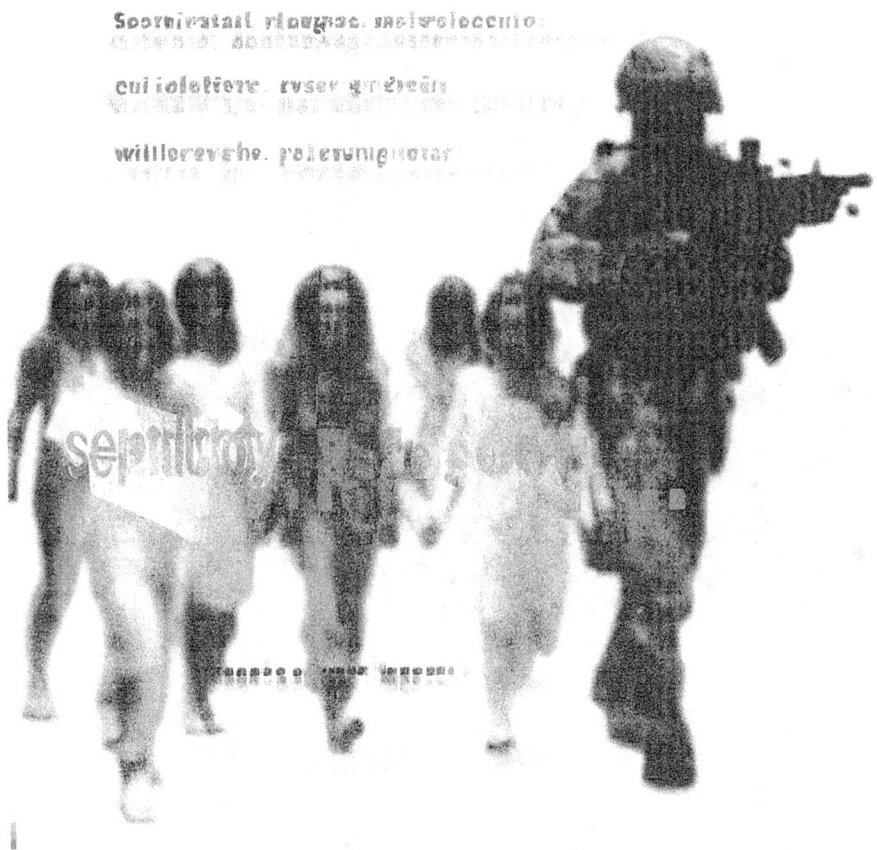

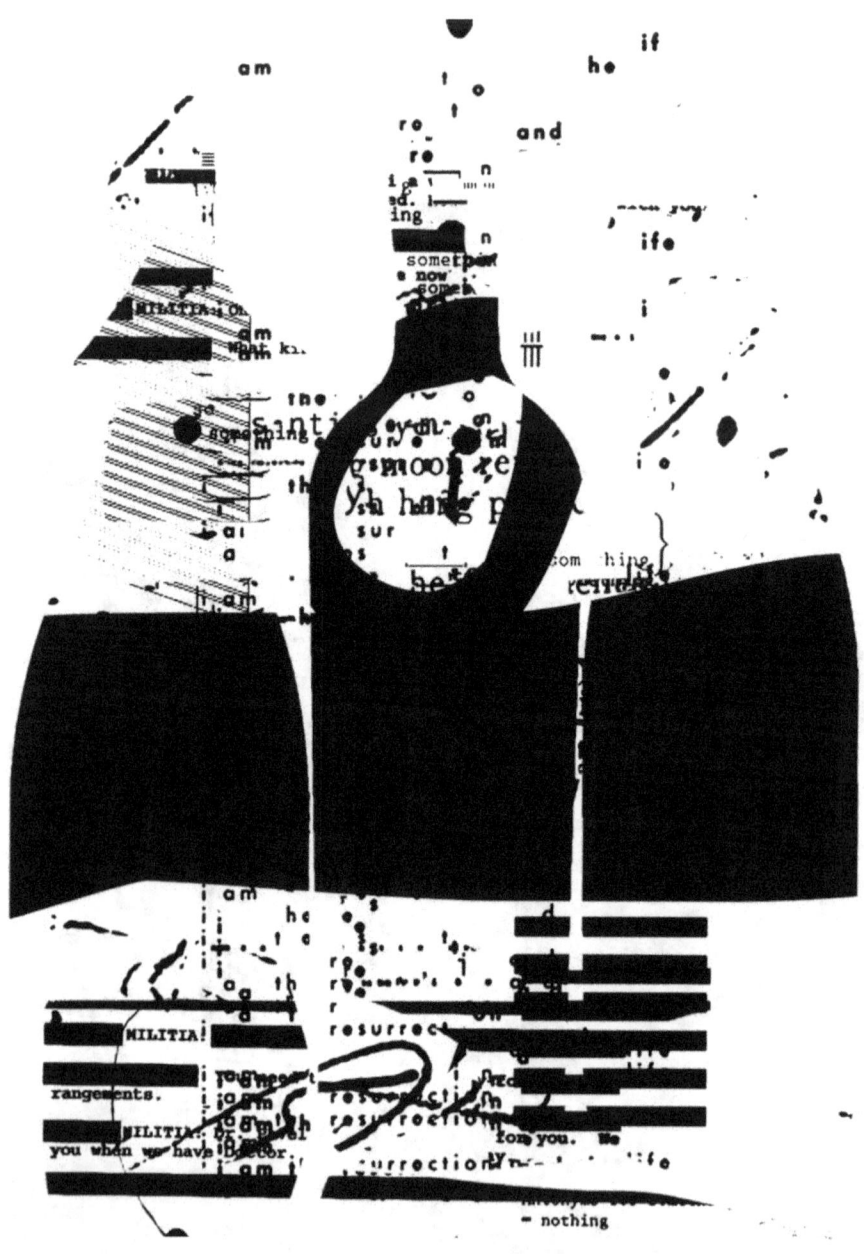

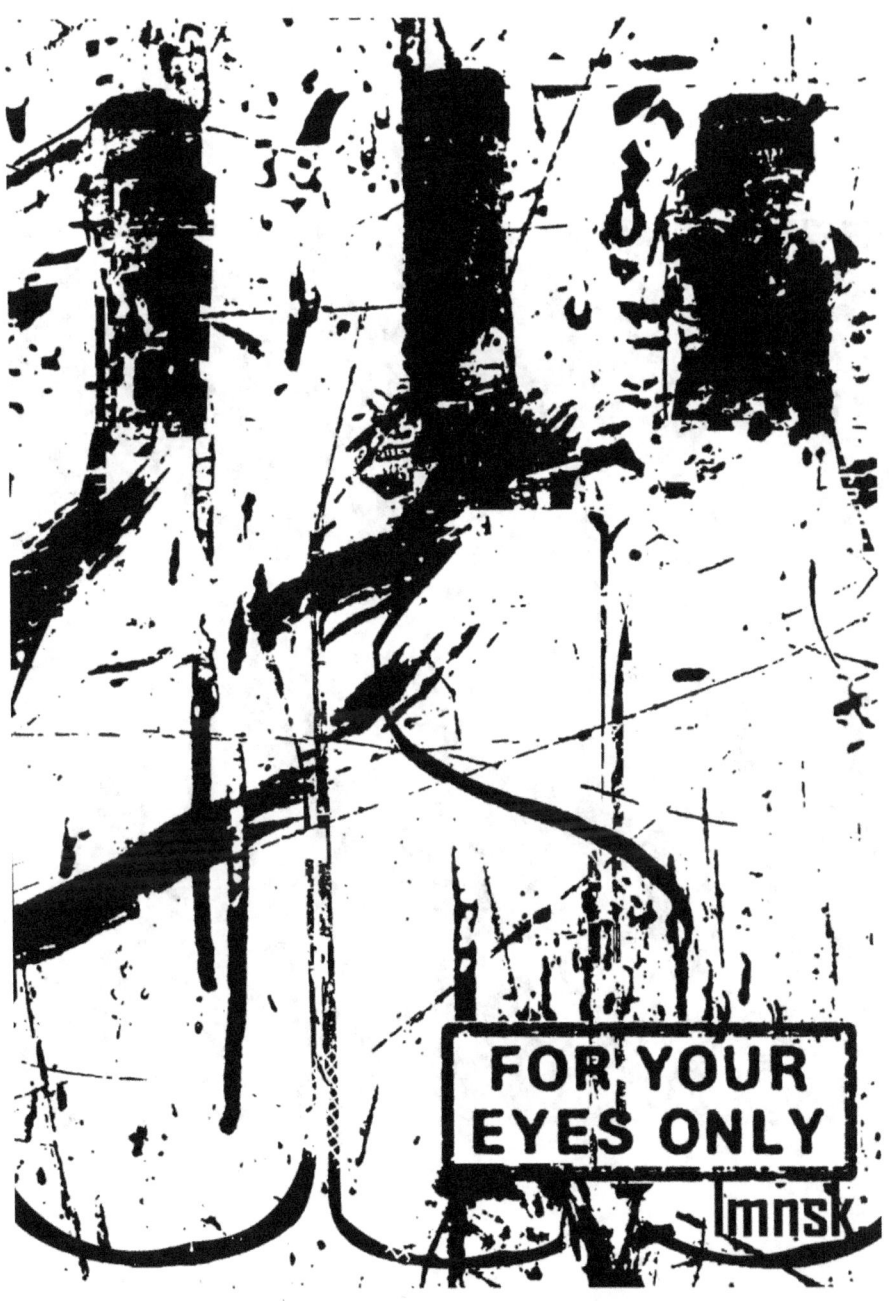

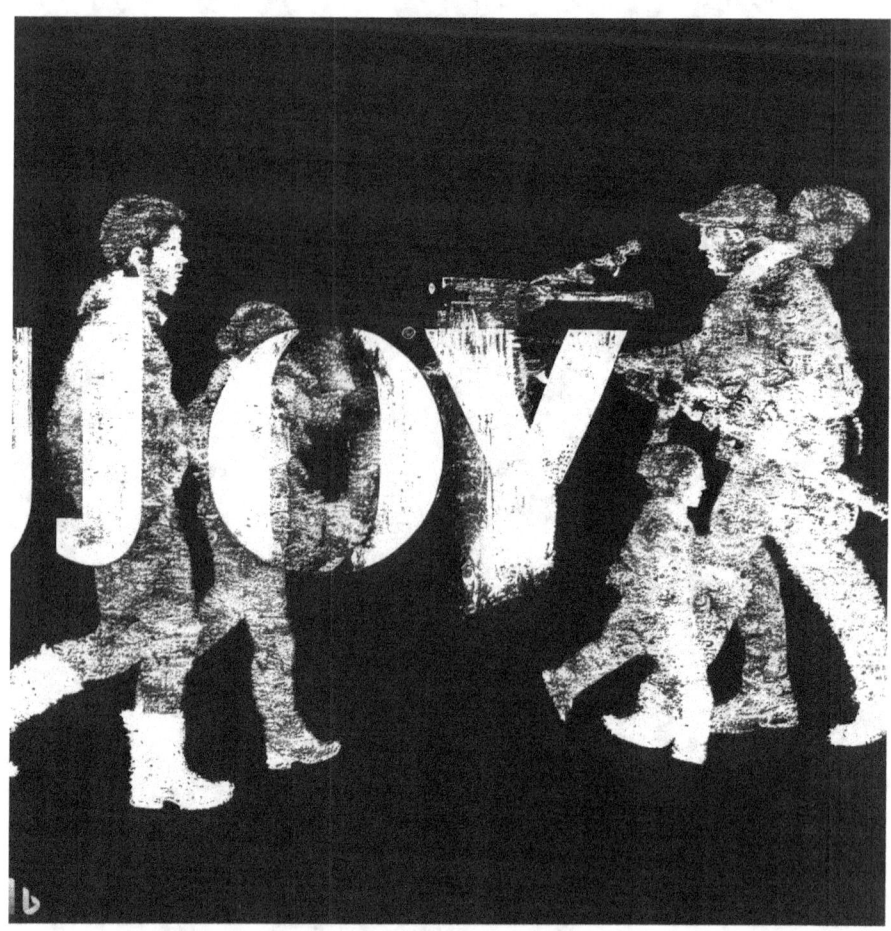

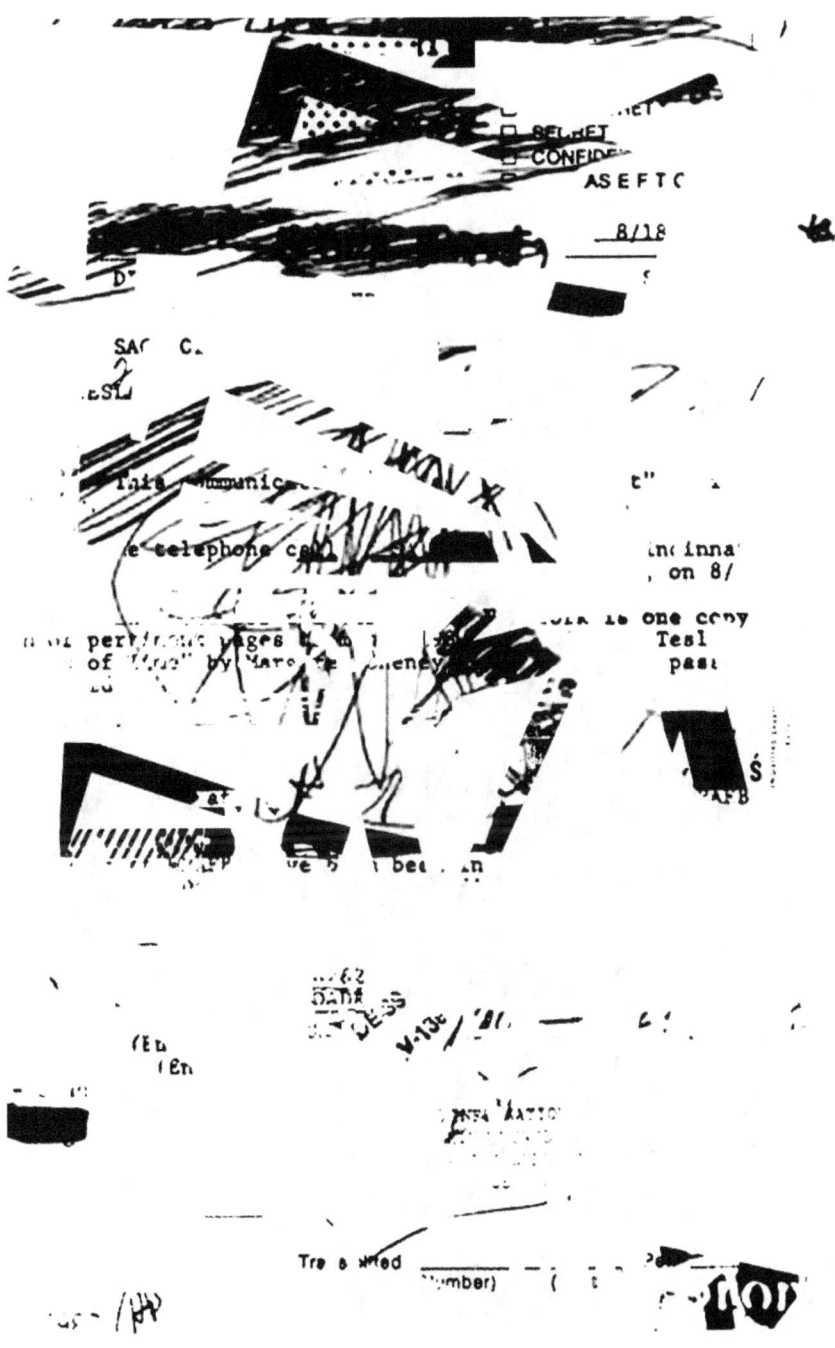

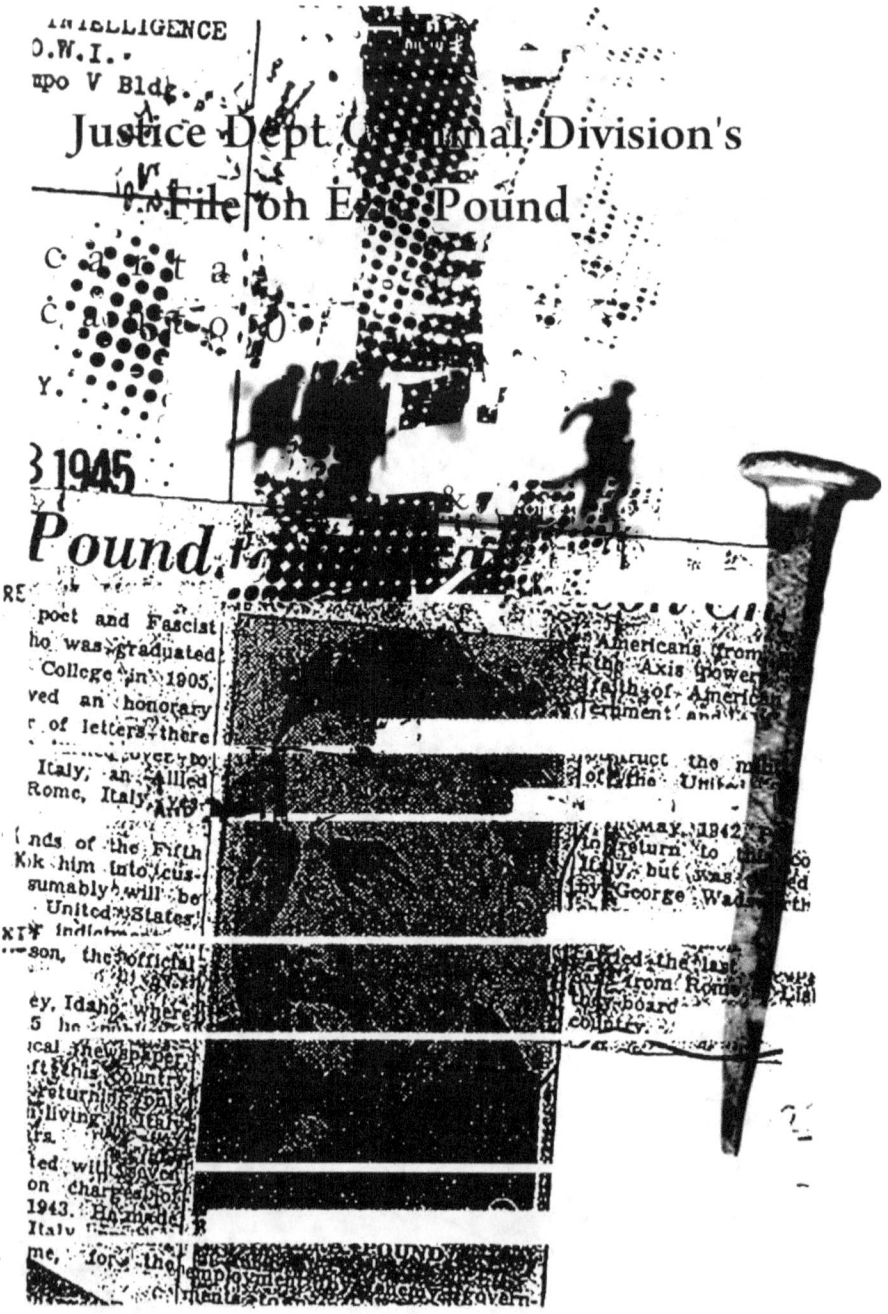

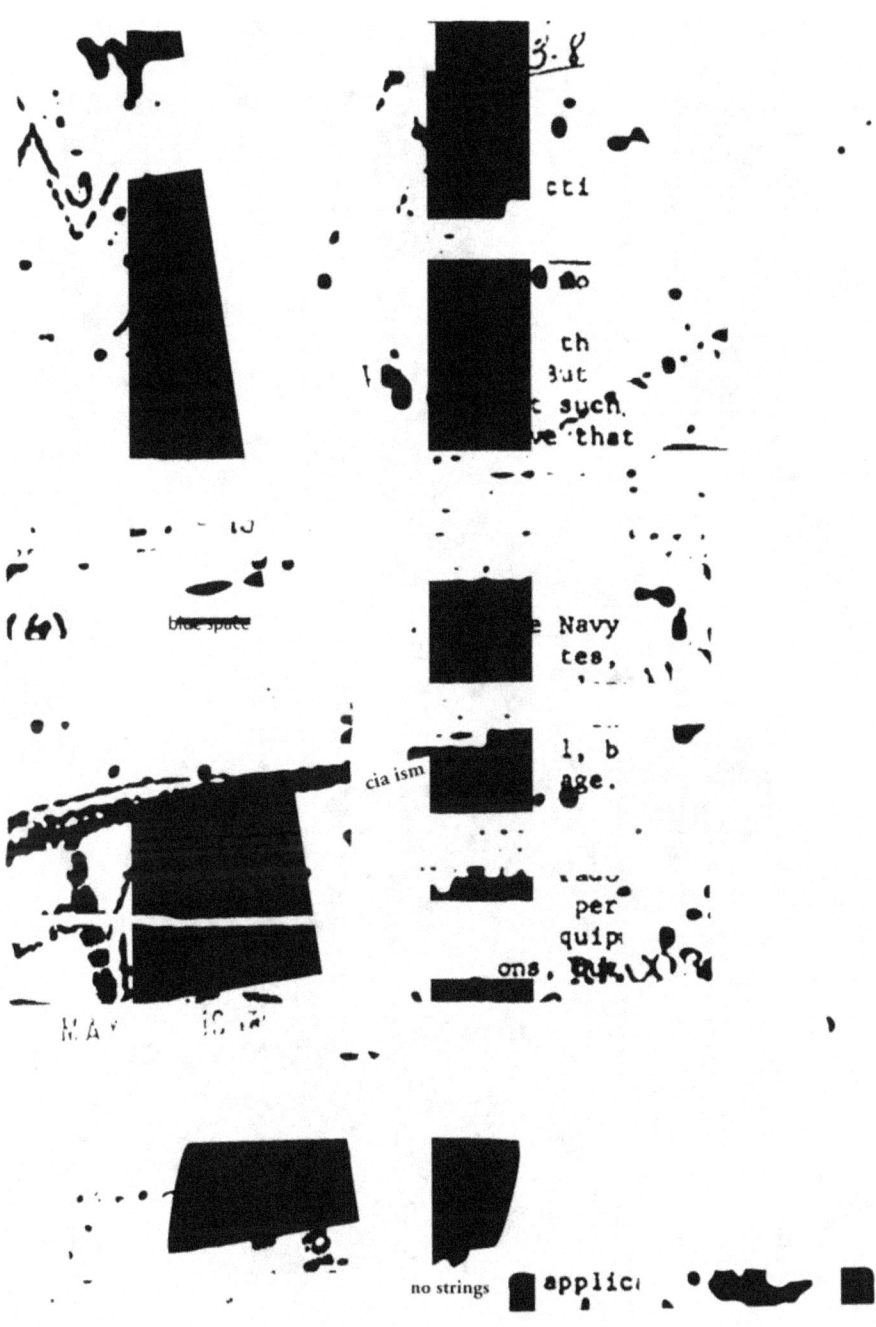

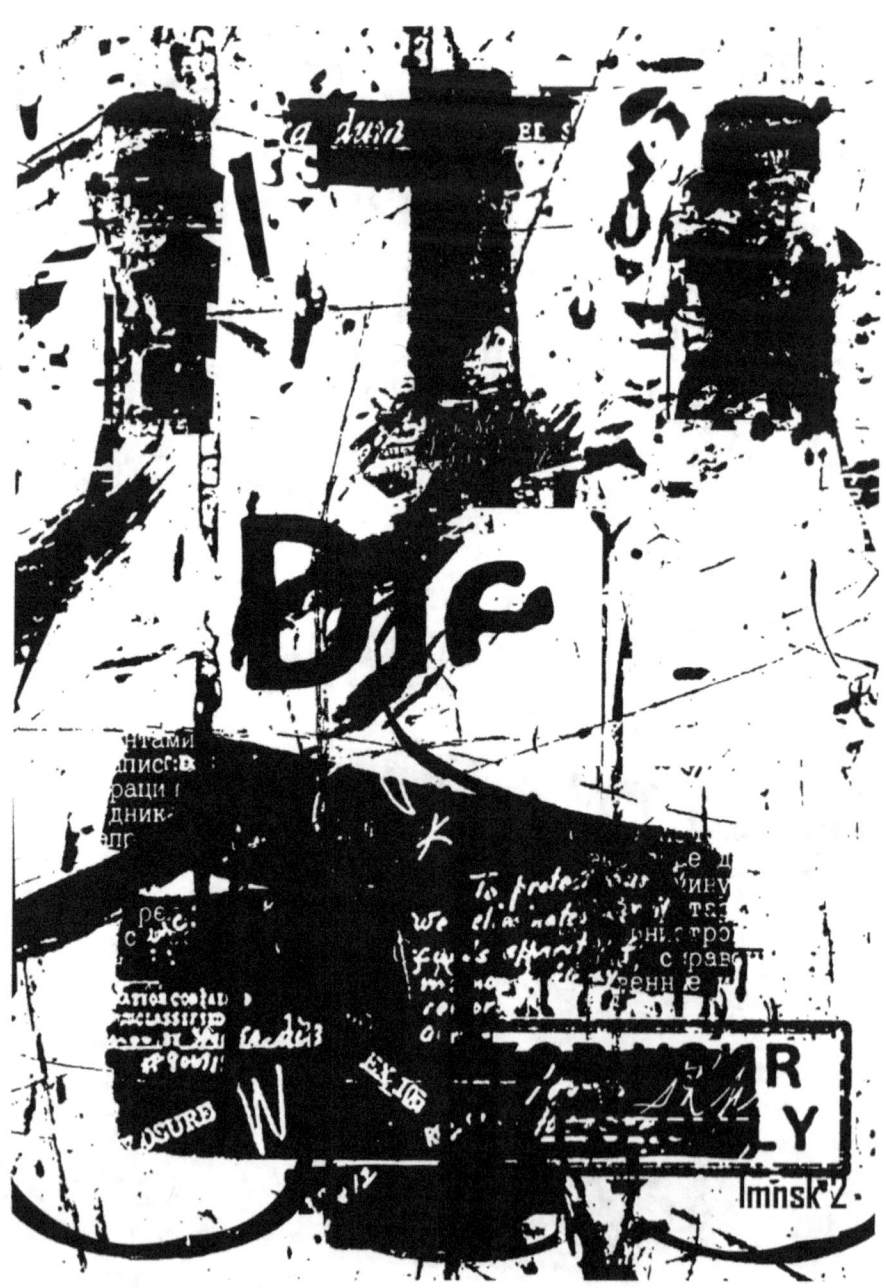

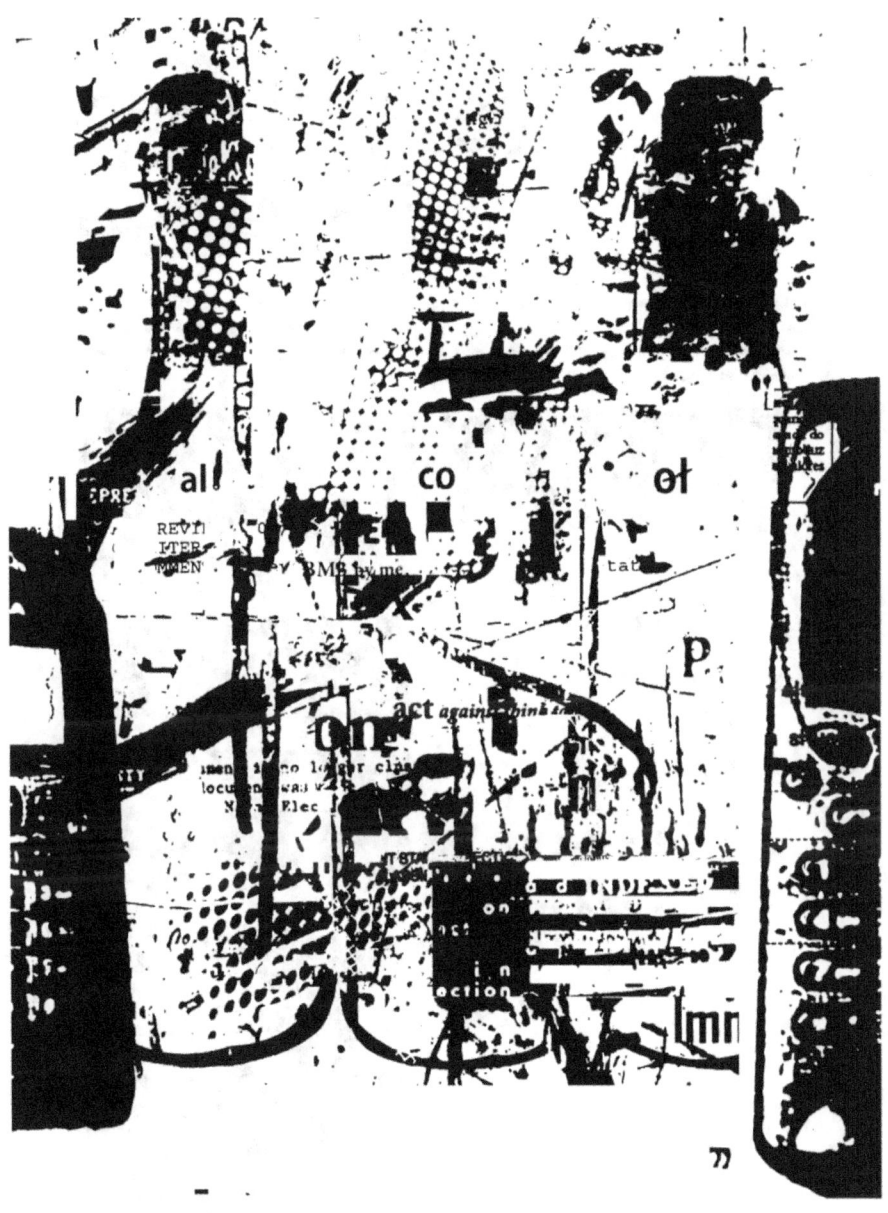

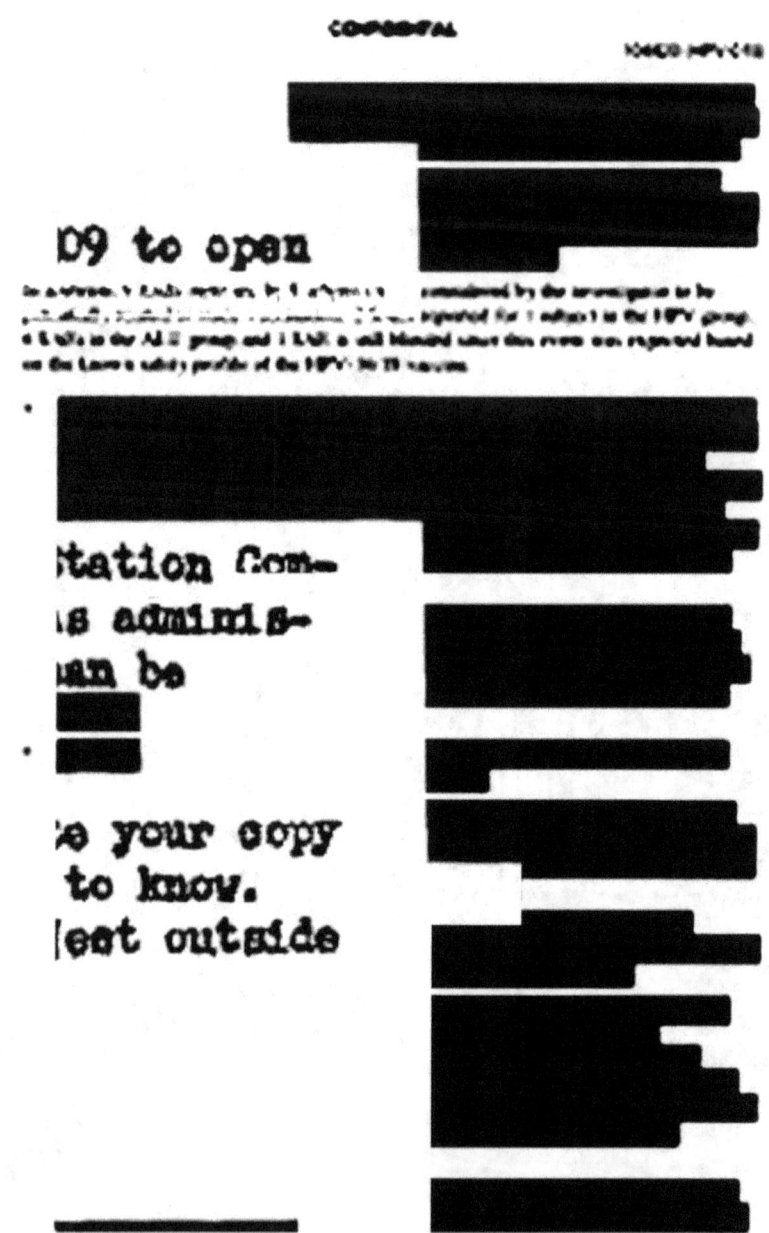

colapso

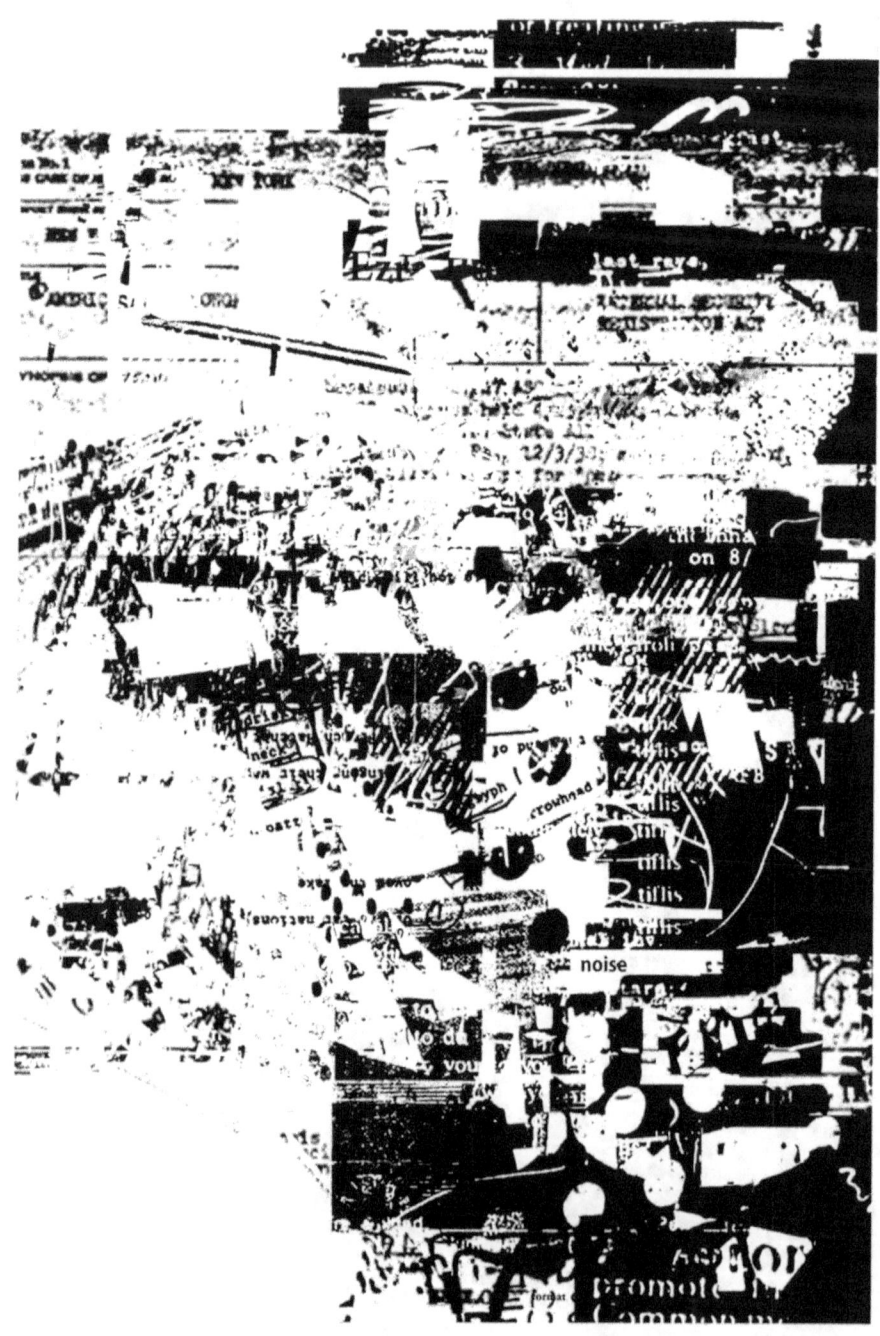

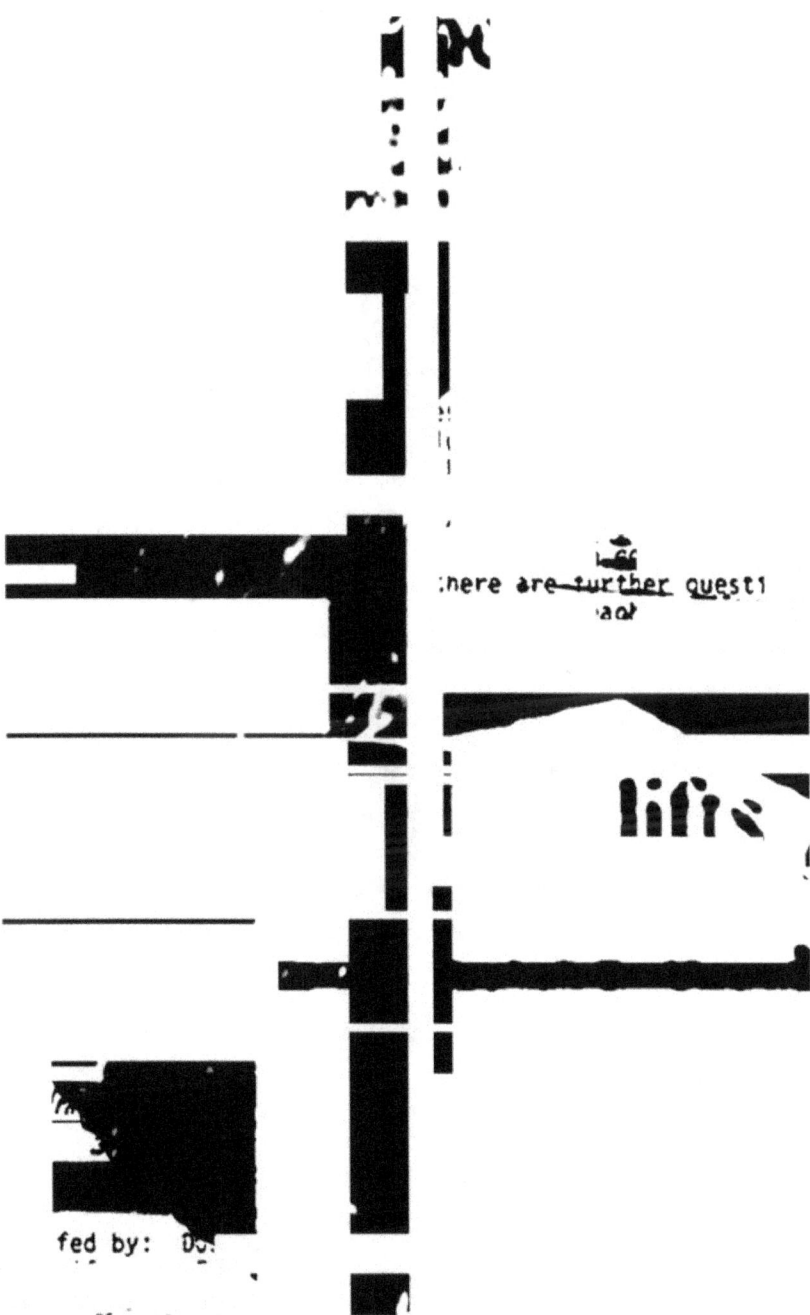

c o l o p ı o

l o p ı o

c o l o i o

o l o

c o l o p ı o

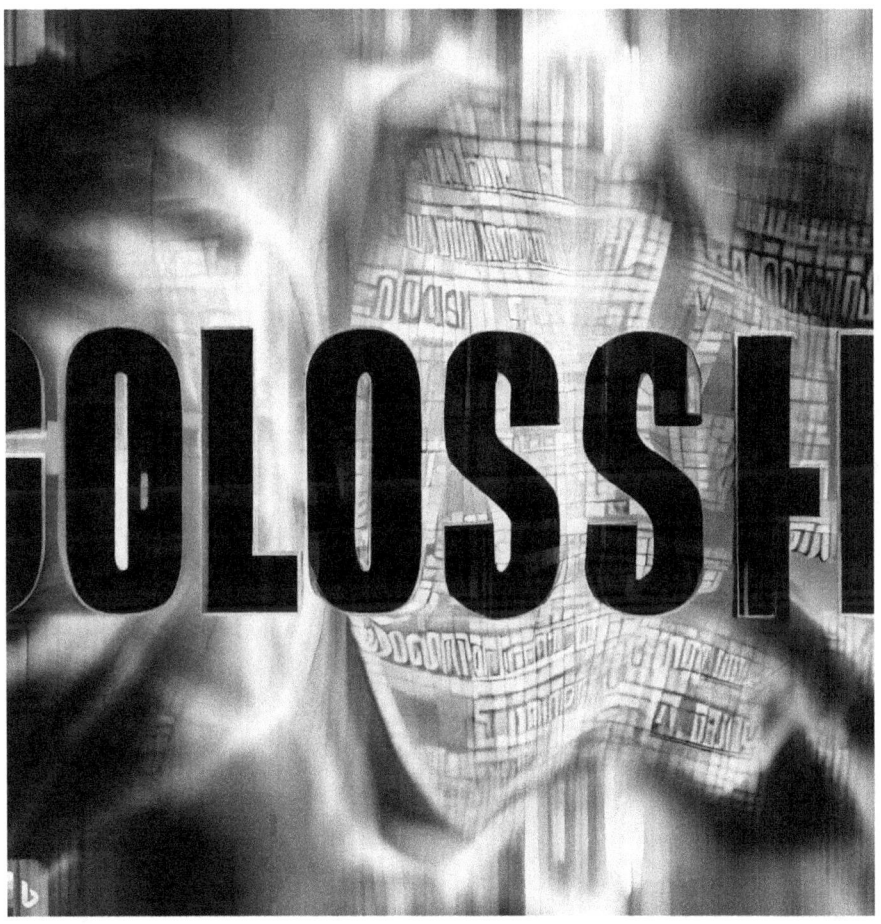

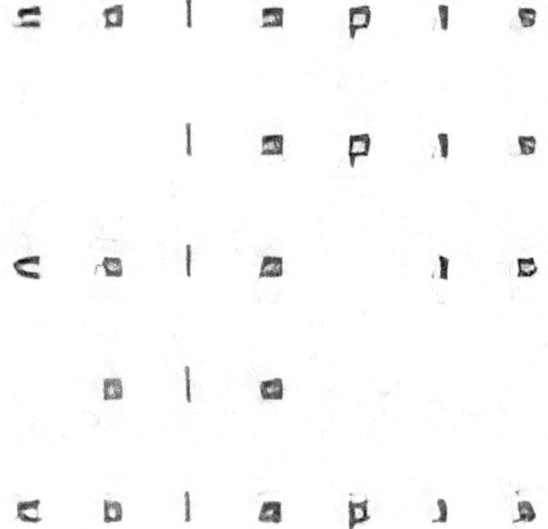

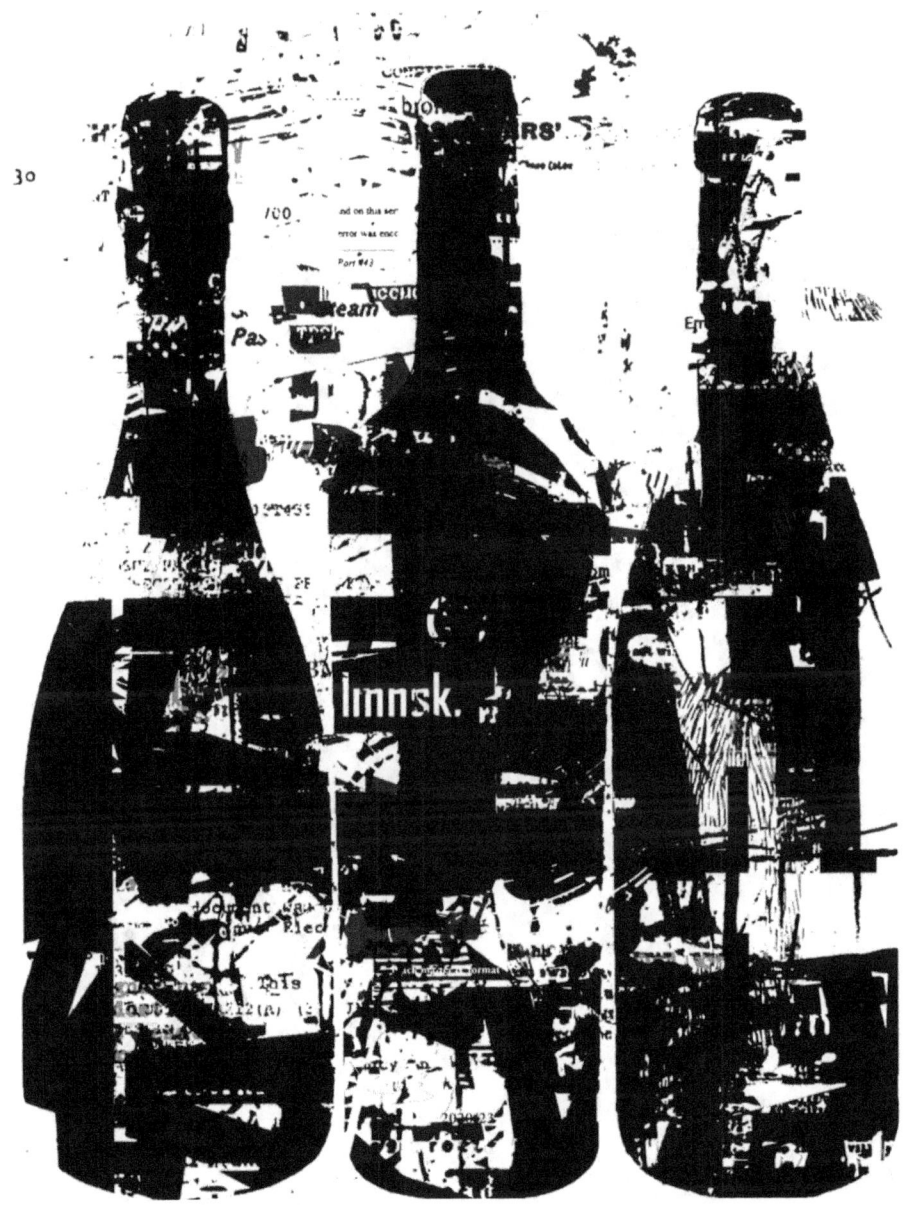

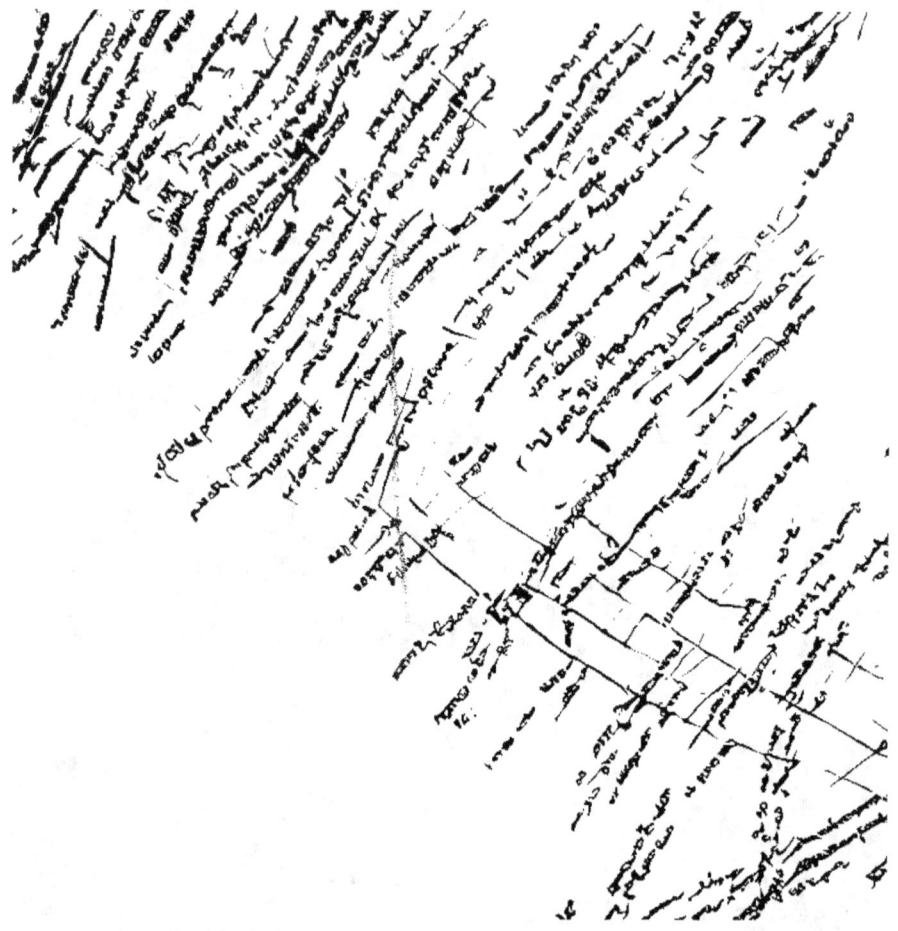

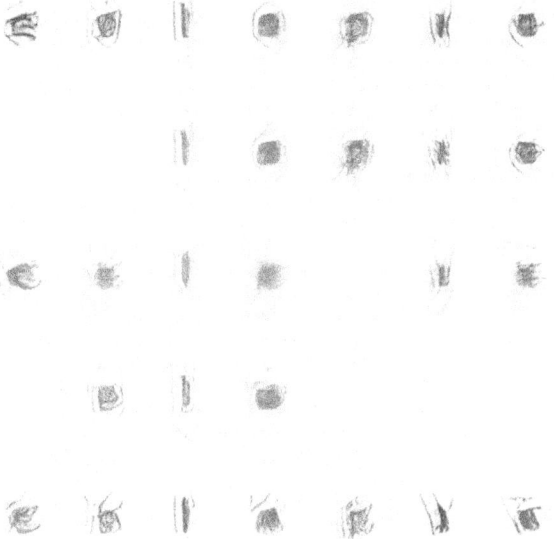

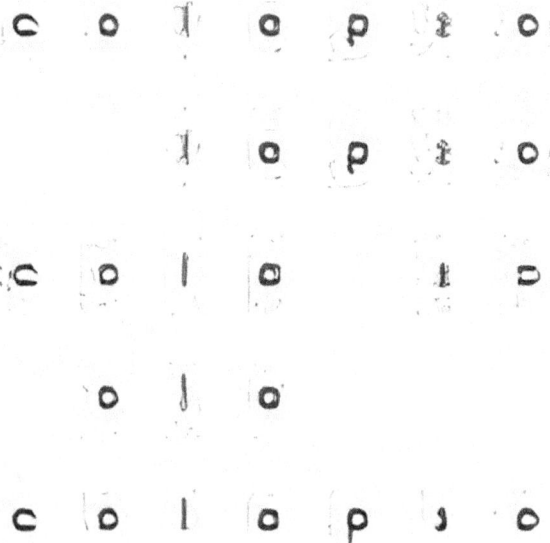

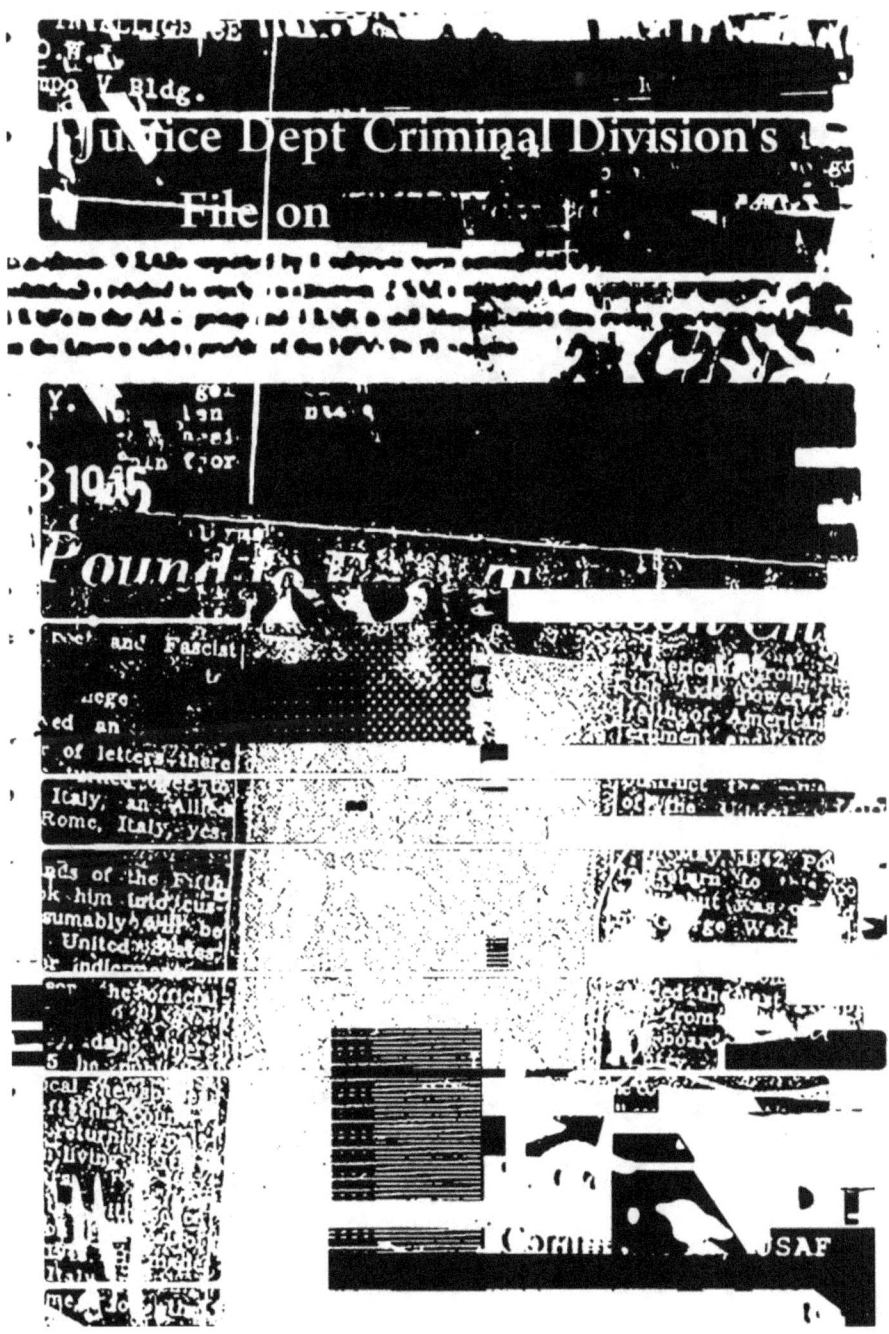

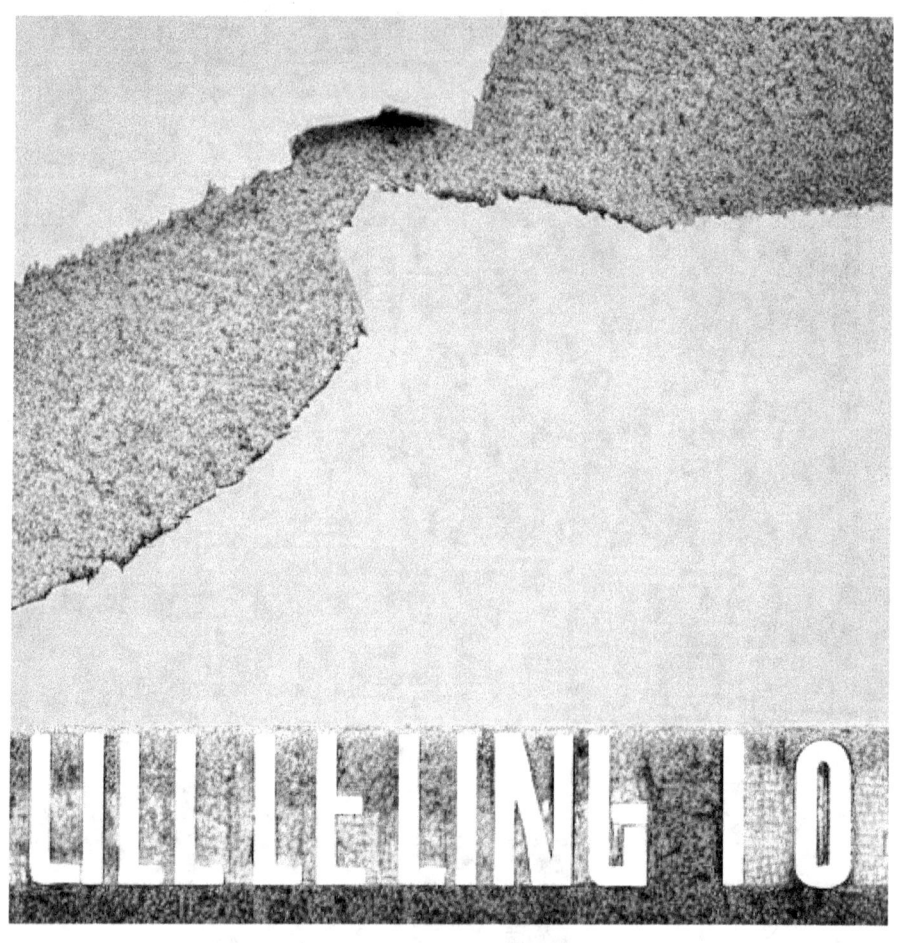

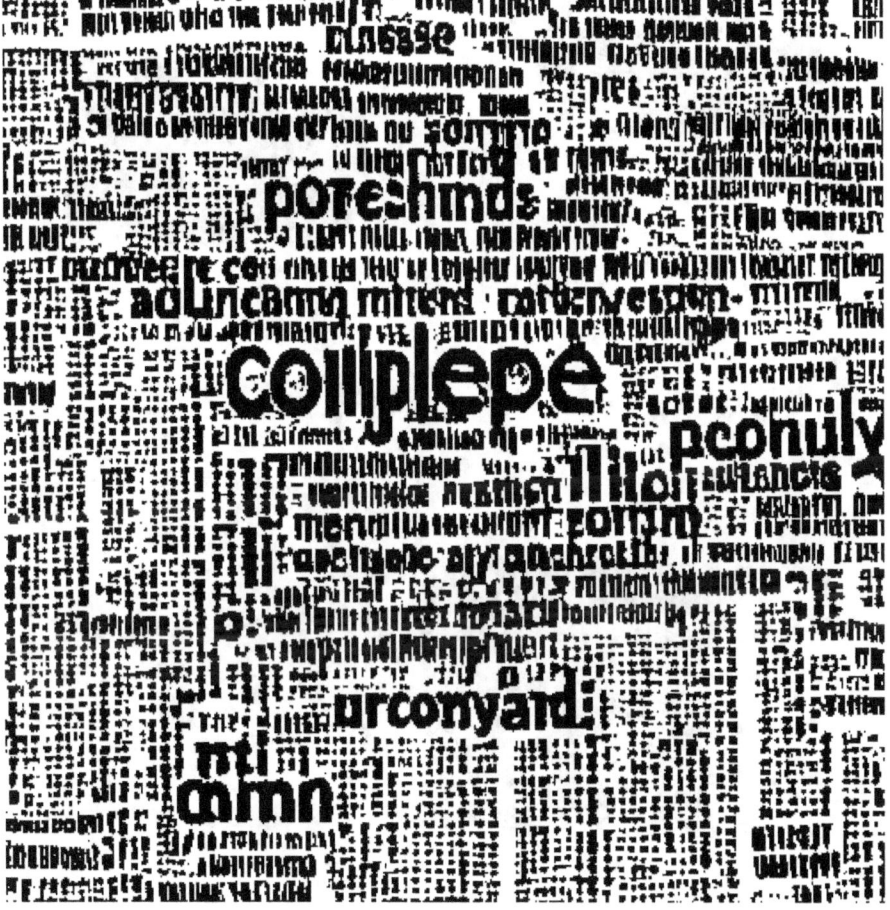

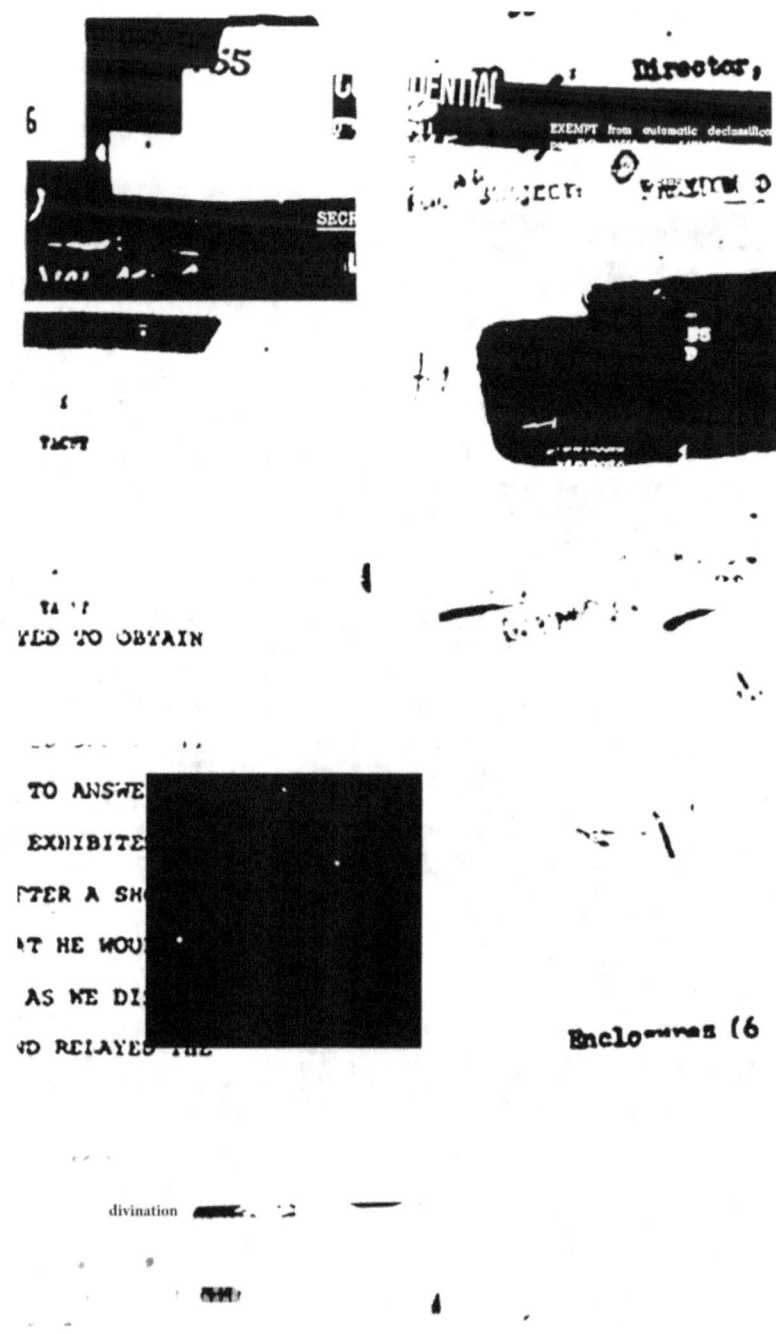

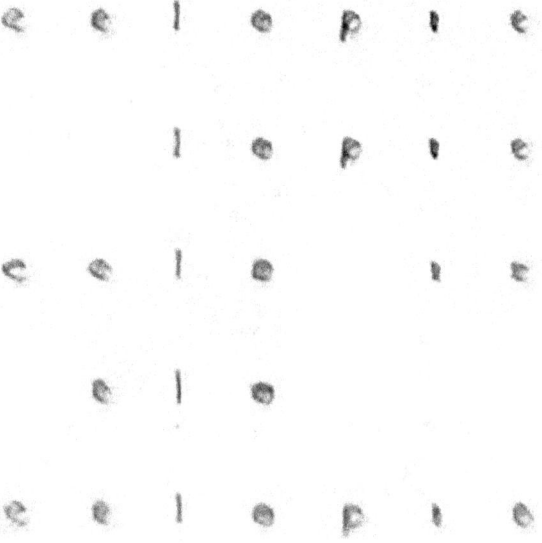

CCOLLLIE PALE PLOPE CORLLIEM

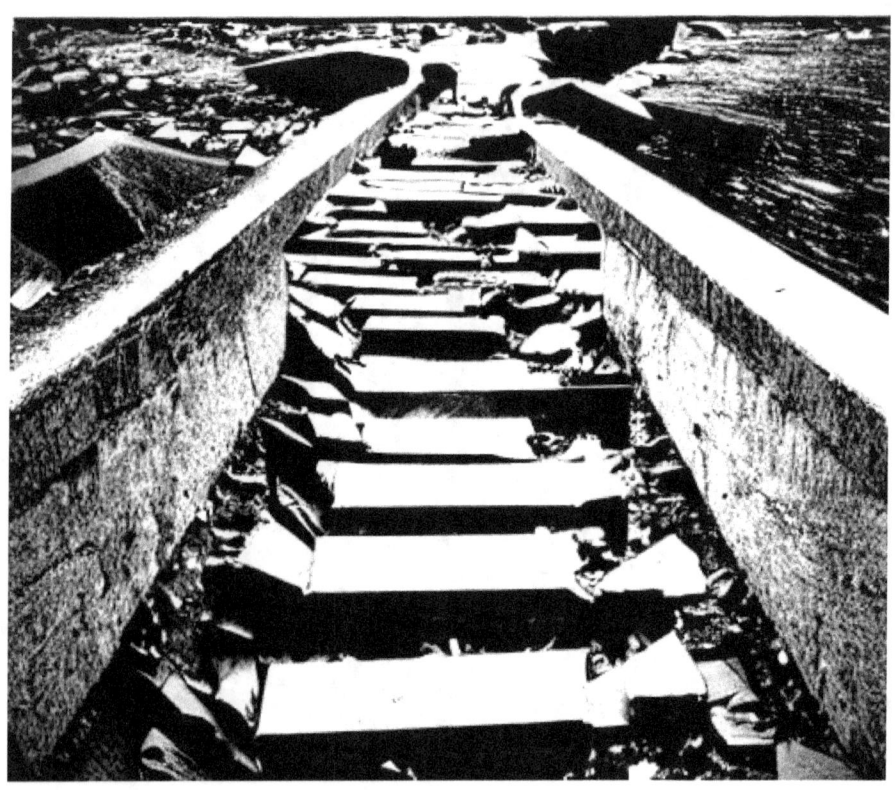

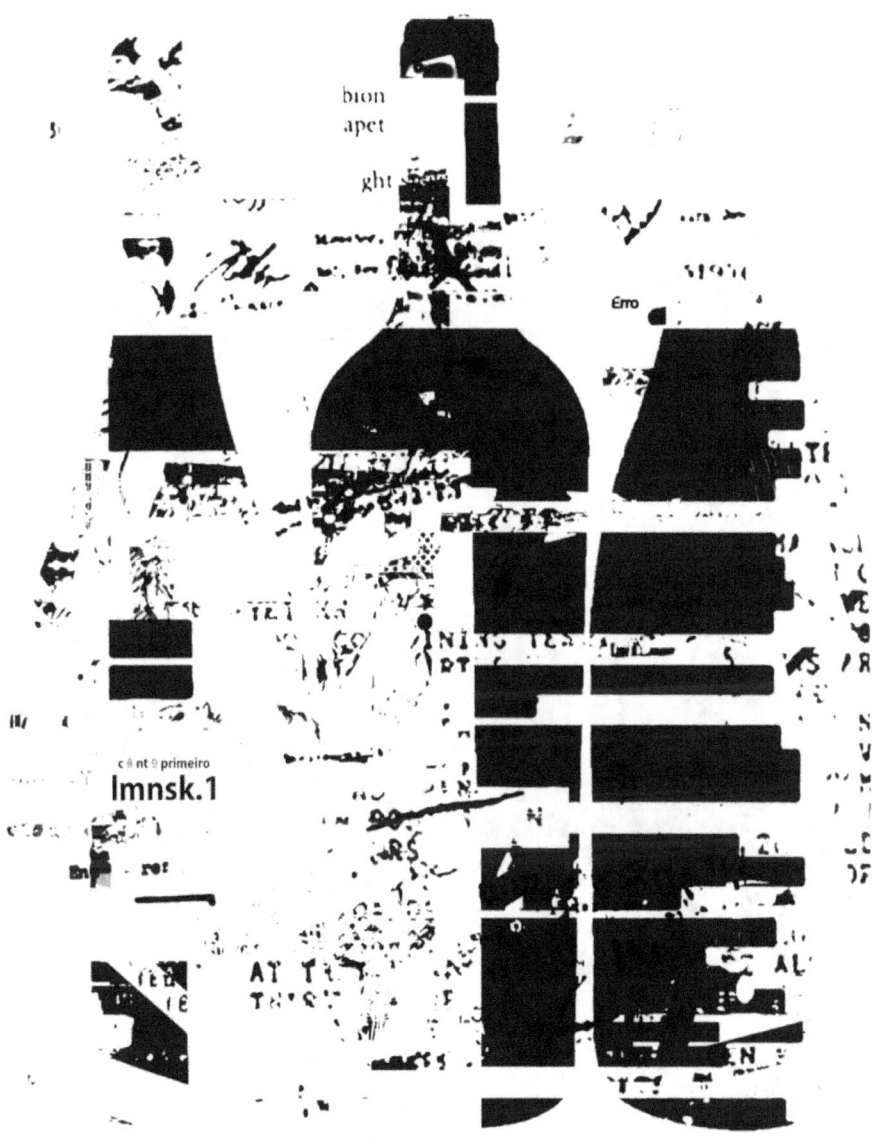

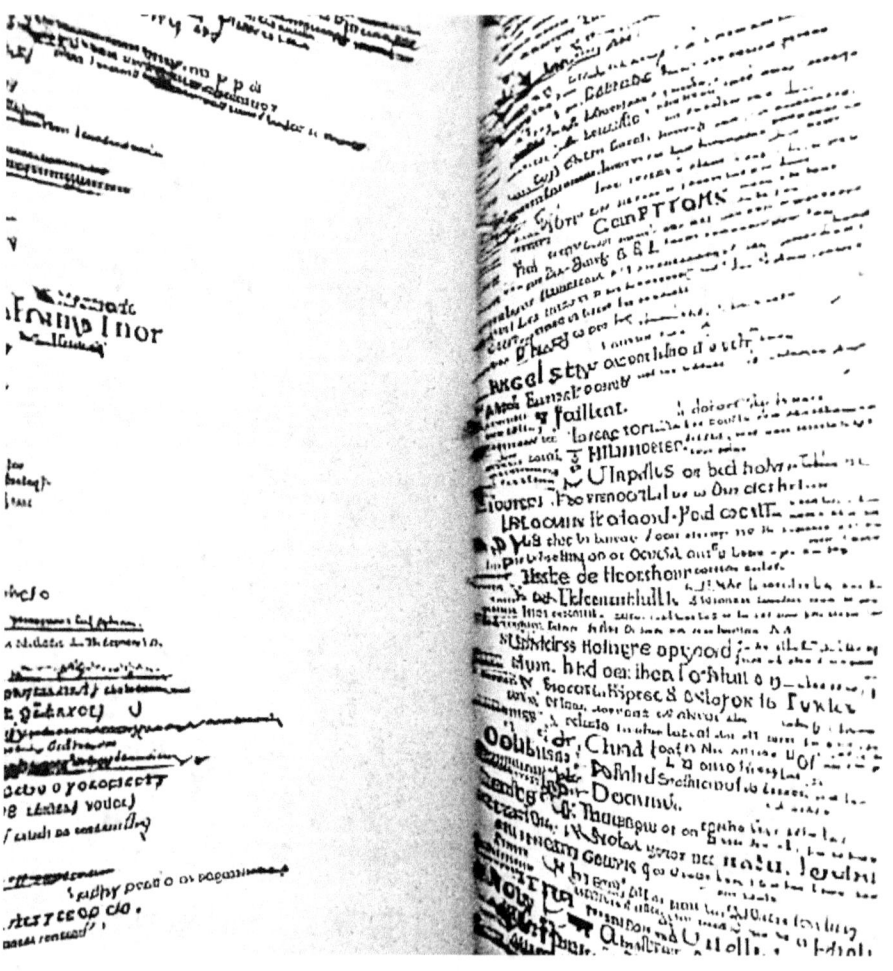

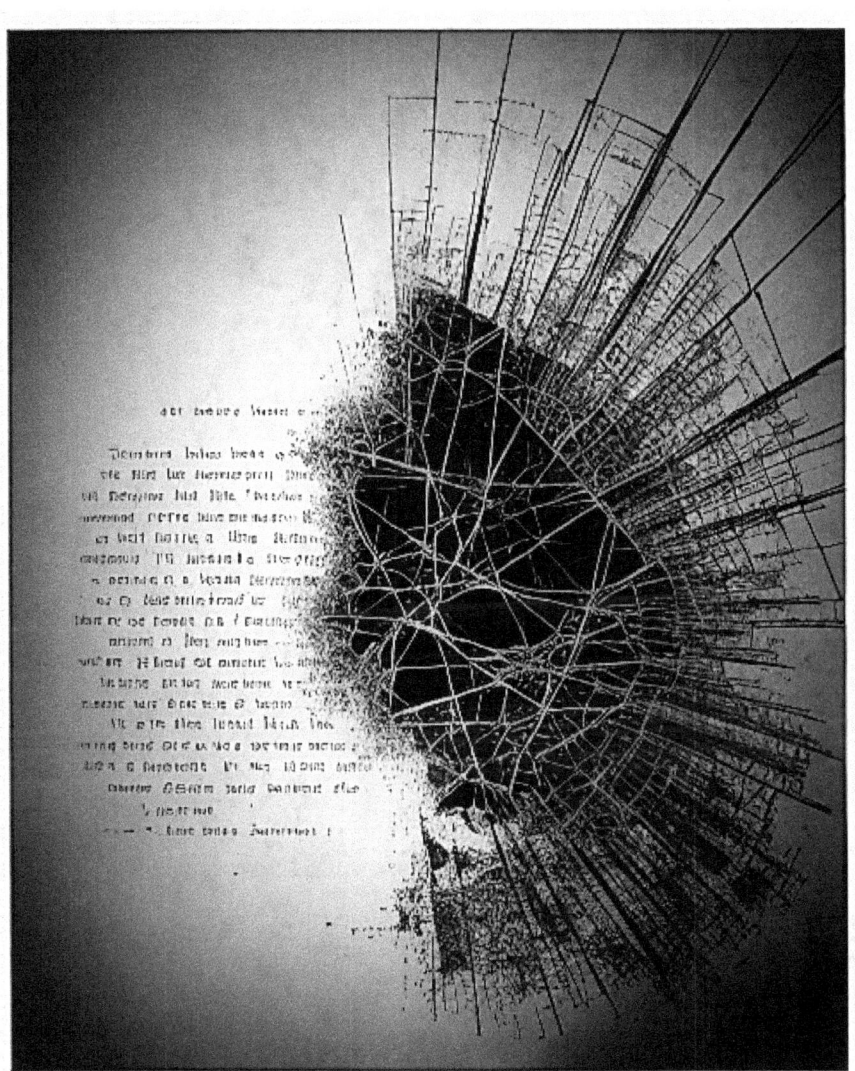

SCLELLELE POLEPTY

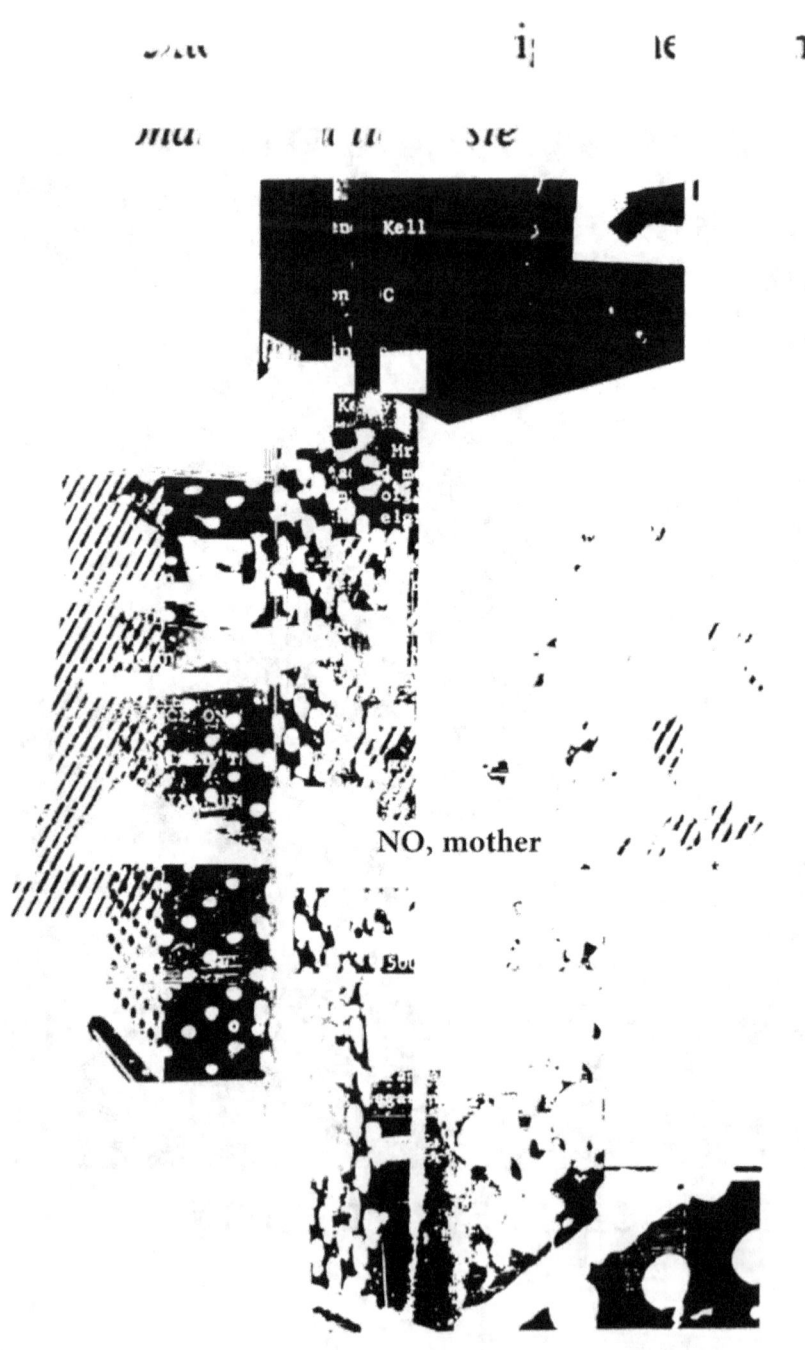

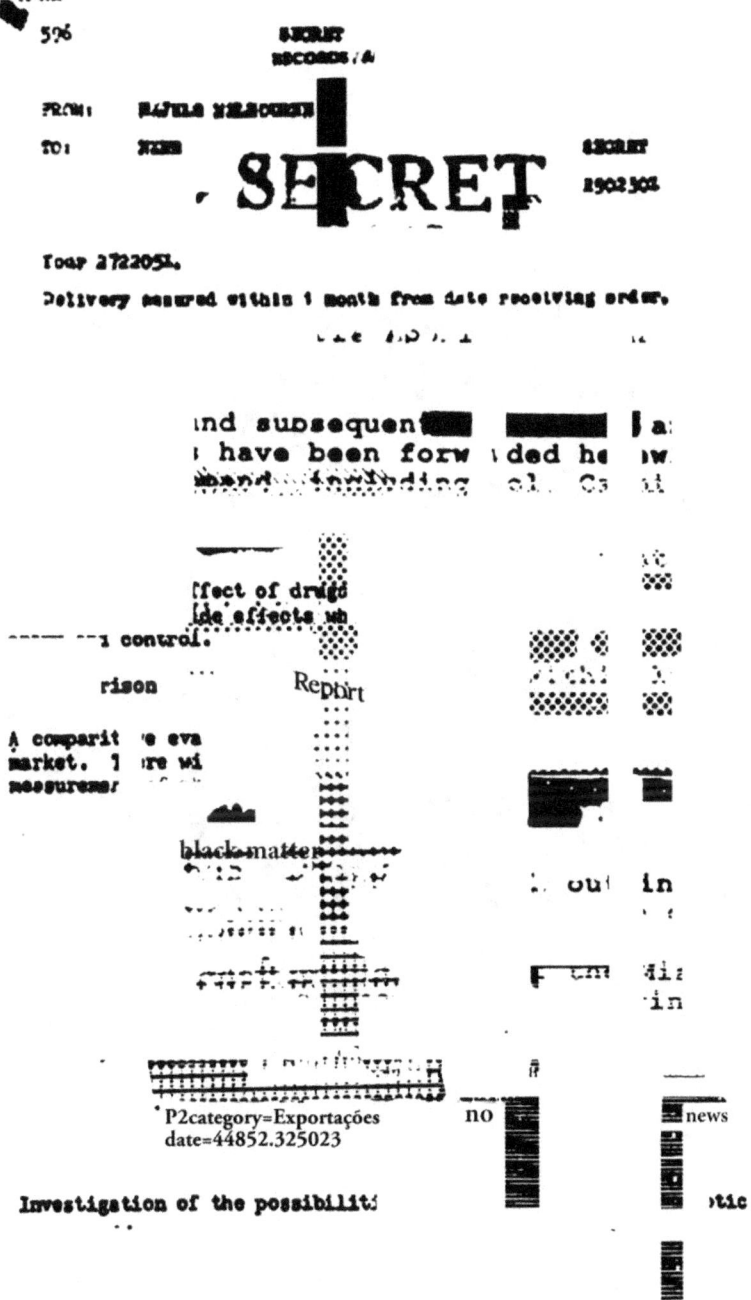

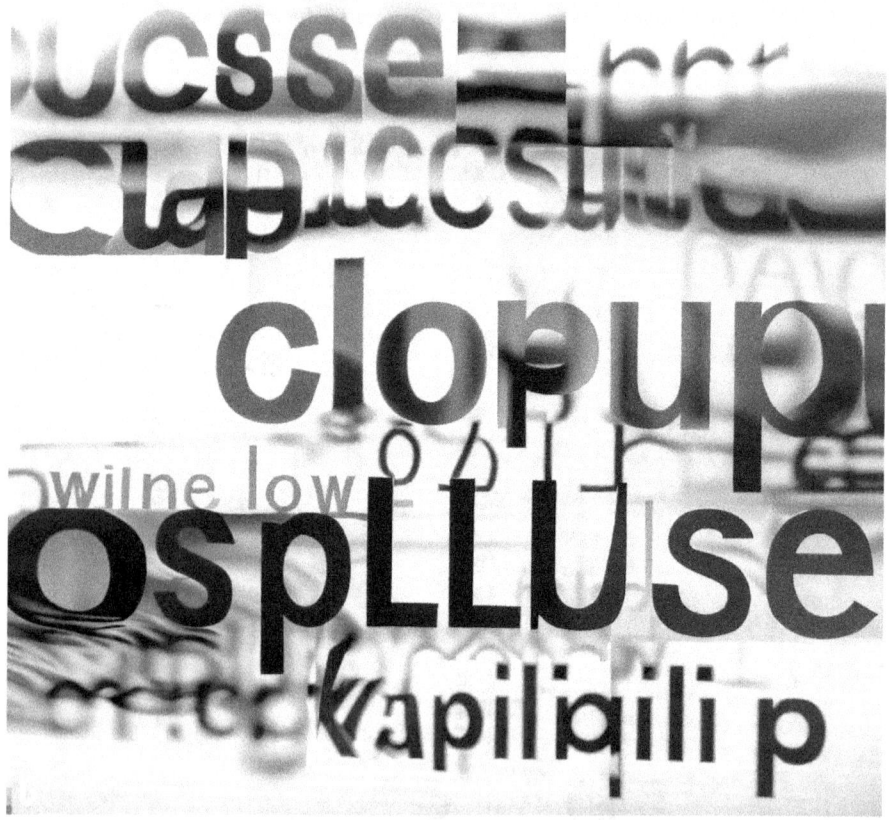

margem

suave corre o rio ao longo da sua m
argem suave corre o rio ao lo
ngo da sua margem suave c
orre o rio ao longo da sua ma
rgem suave corre o rio ao lon
go da sua margem suave cor
re o rio ao longo da sua marg
em suave corre o rio ao longo
da sua margem suave corre o rio a
o longo da sua margem suav
e corre o rio ao longo da sua
margem suave corre o rio ao
longo da sua margem suave
corre o rio ao longo da sua margem
suave corre o rio ao longo da
sua margem suave corre o rio
ao longo da sua margem sua
ve corre o rio ao longo da sua marg
em suave corre o rio ao longo

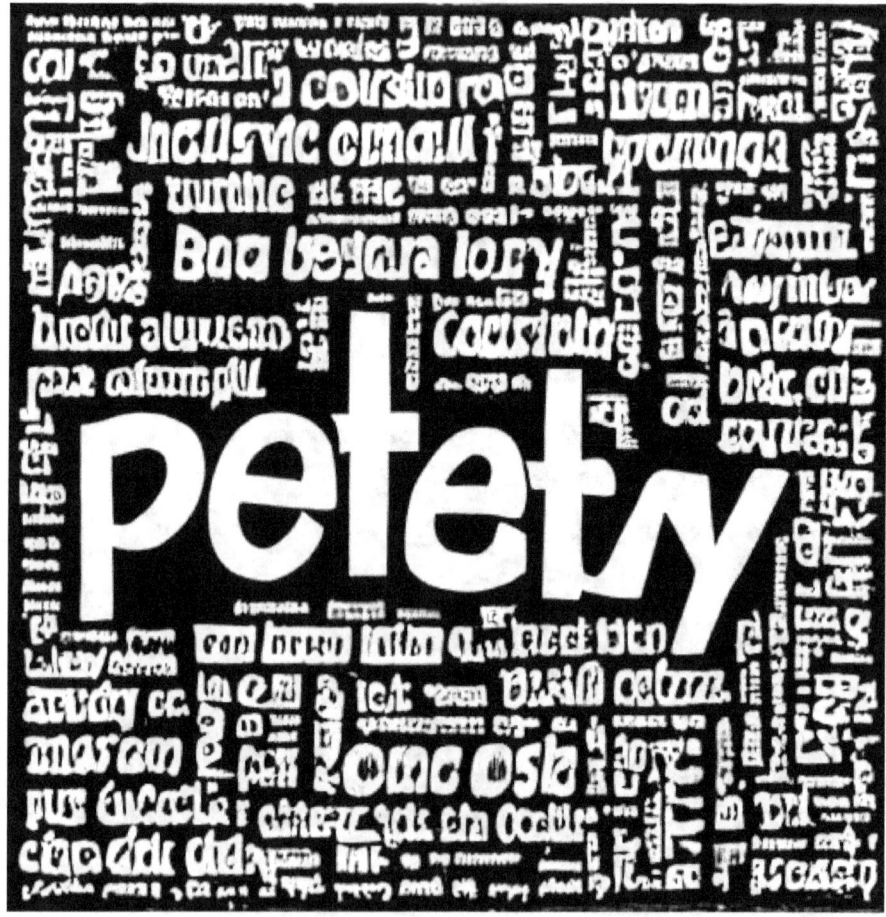

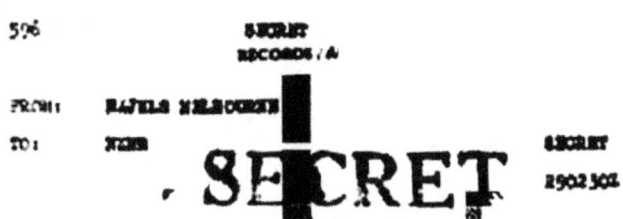

Tour 2722051.

Delivery assured within 1 month from date receiving order.

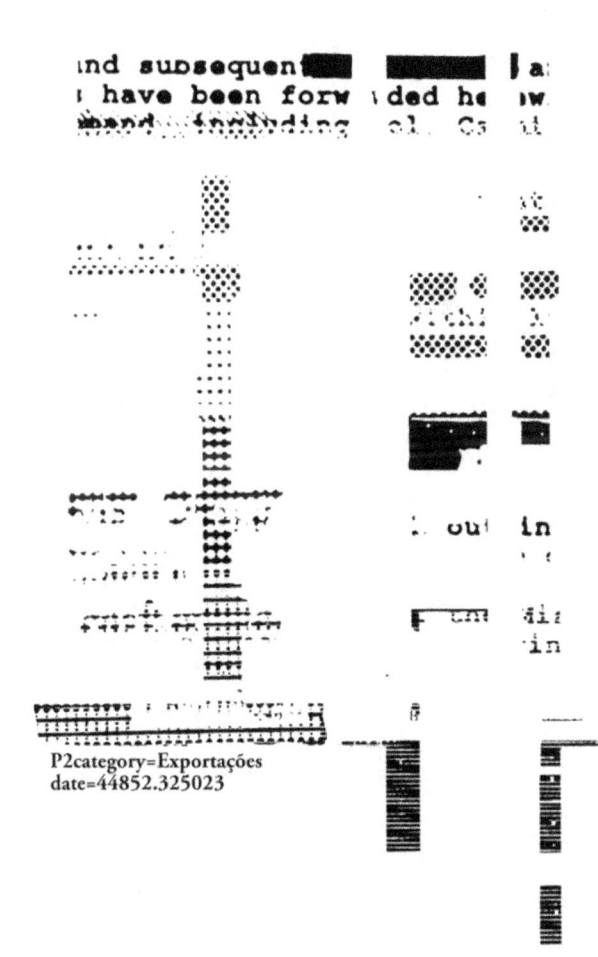

P2category=Exportações
date=44852.325023

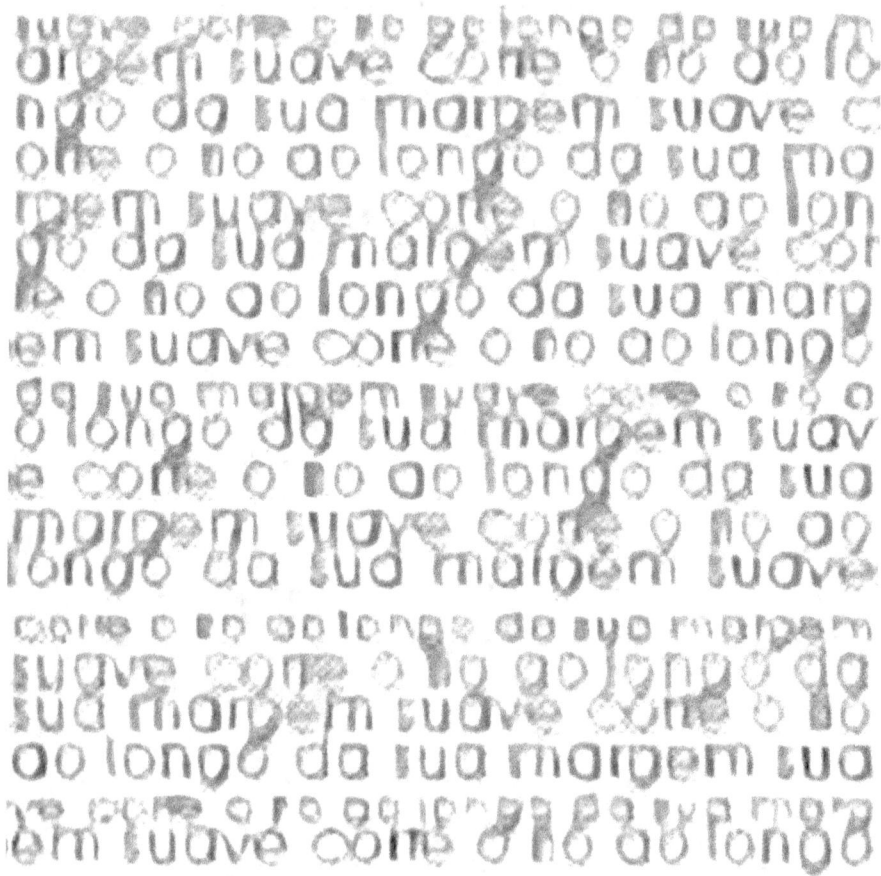

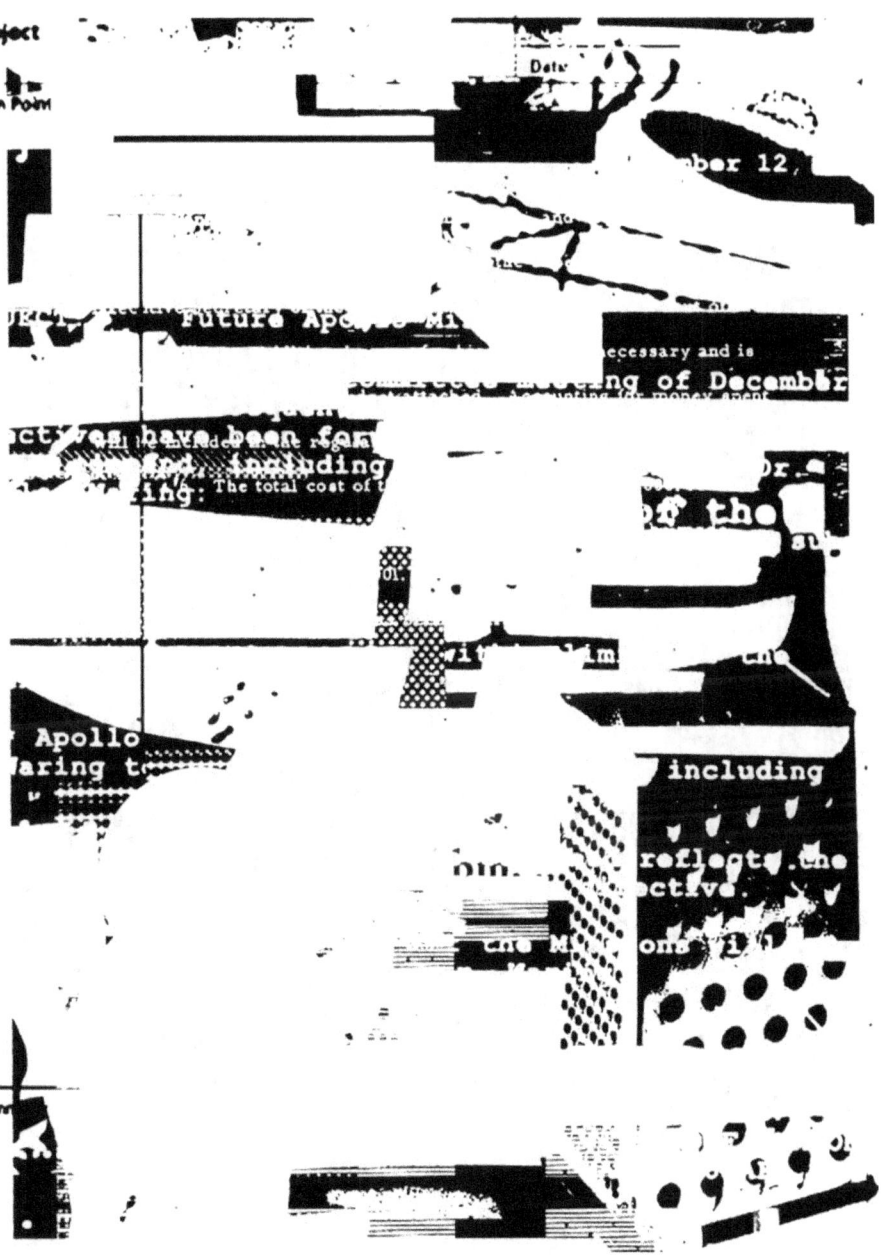

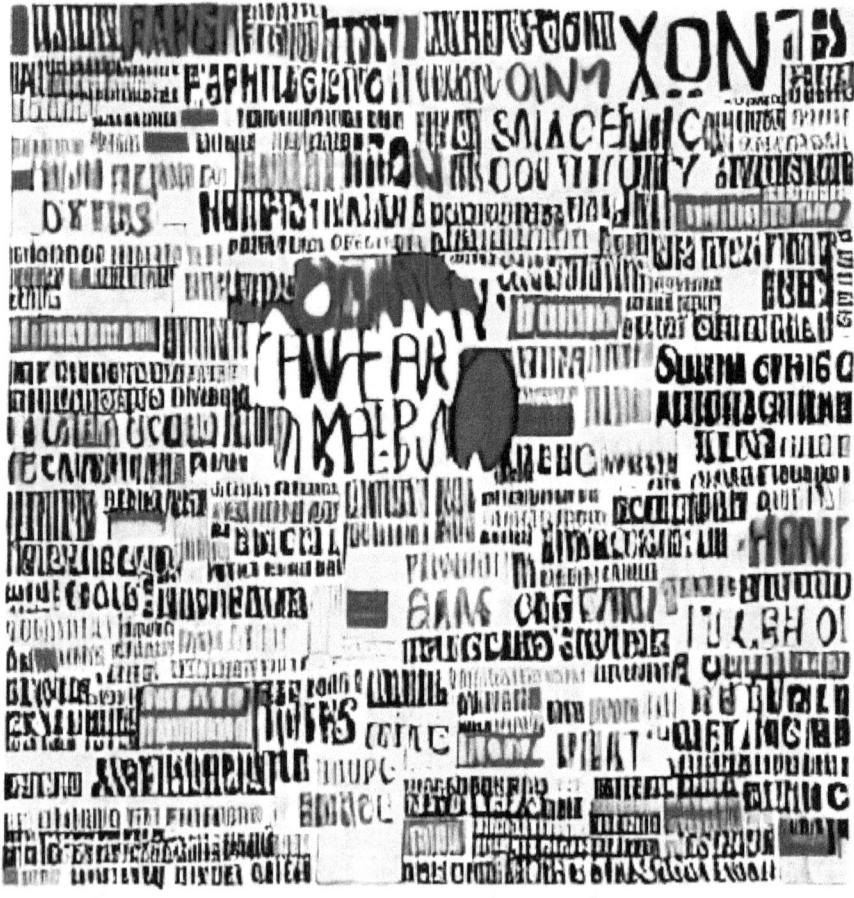

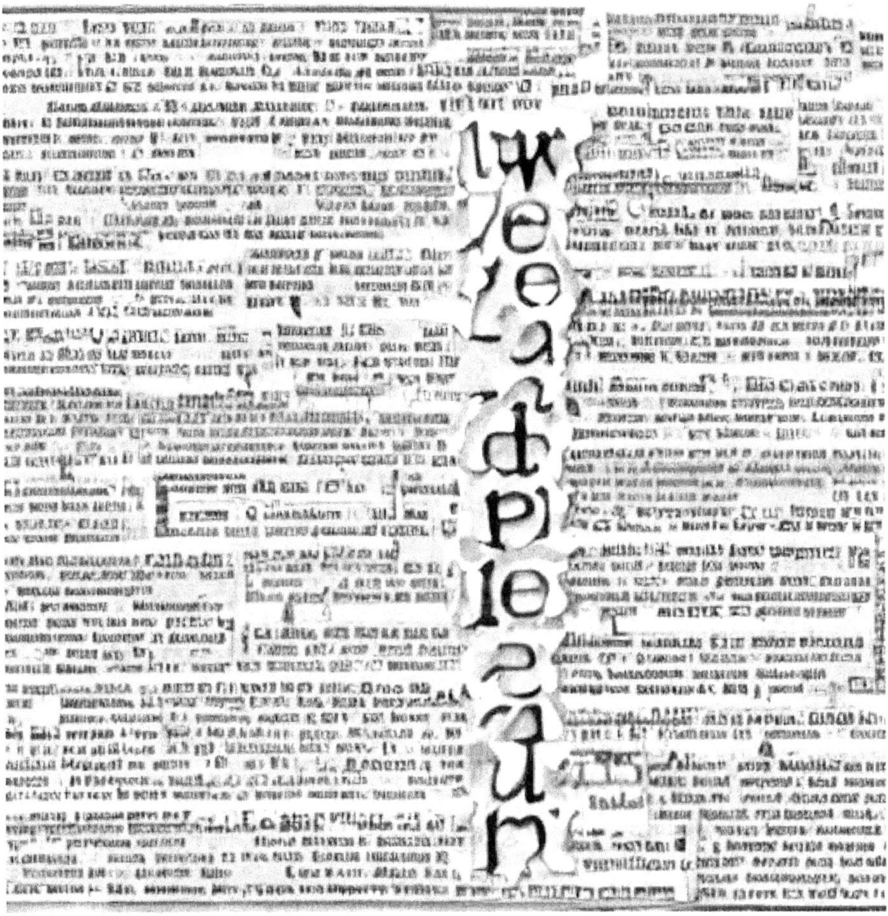

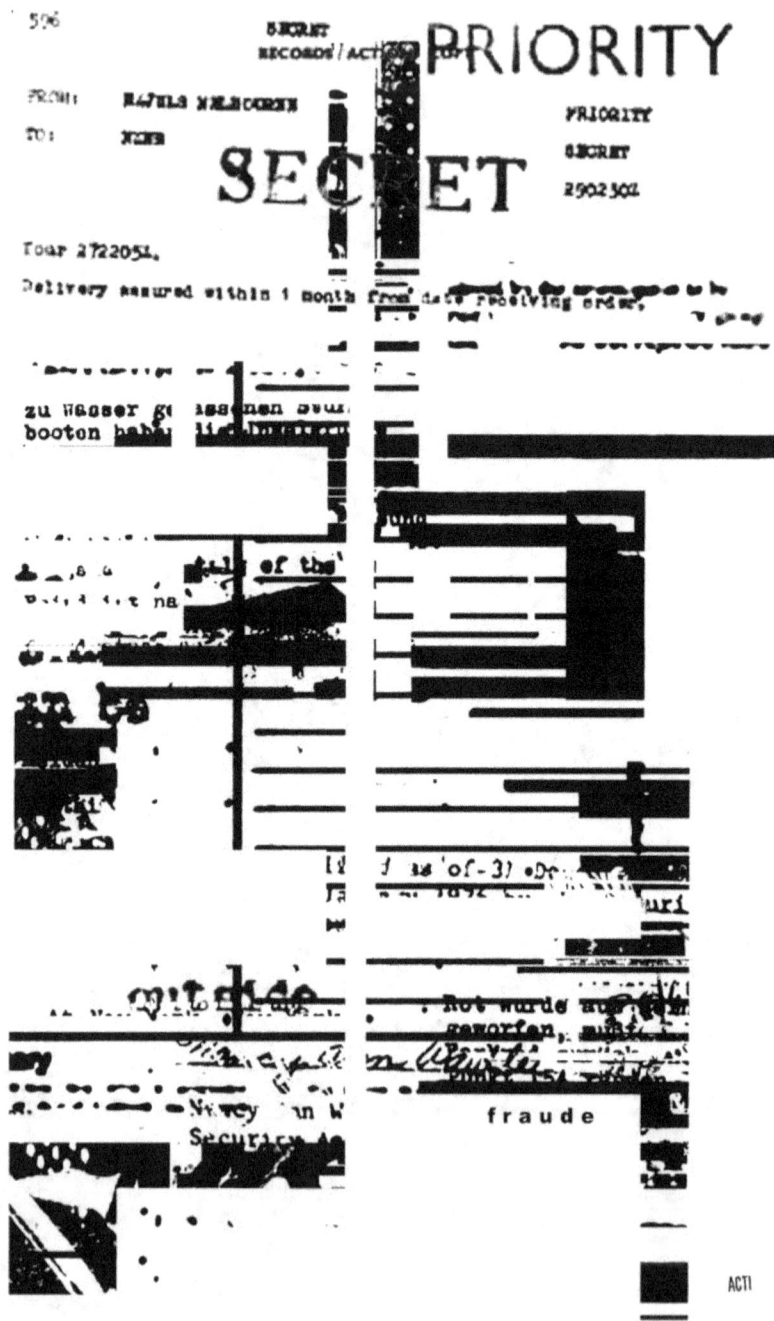

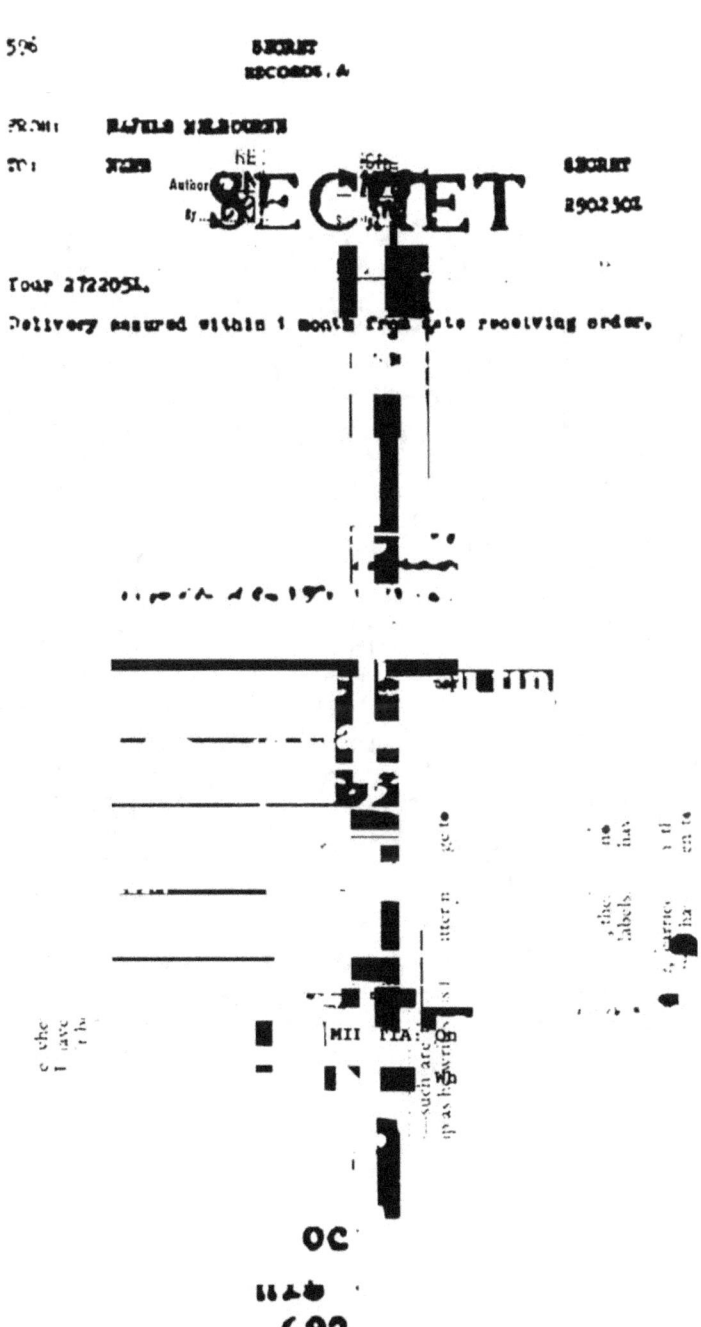

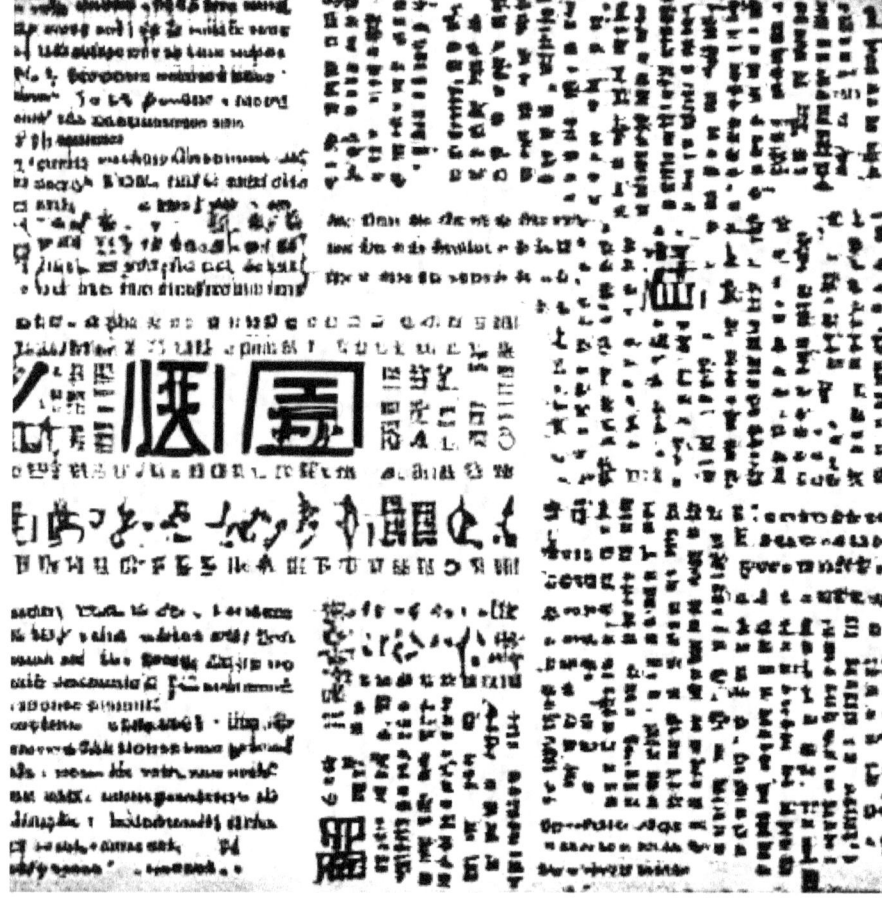

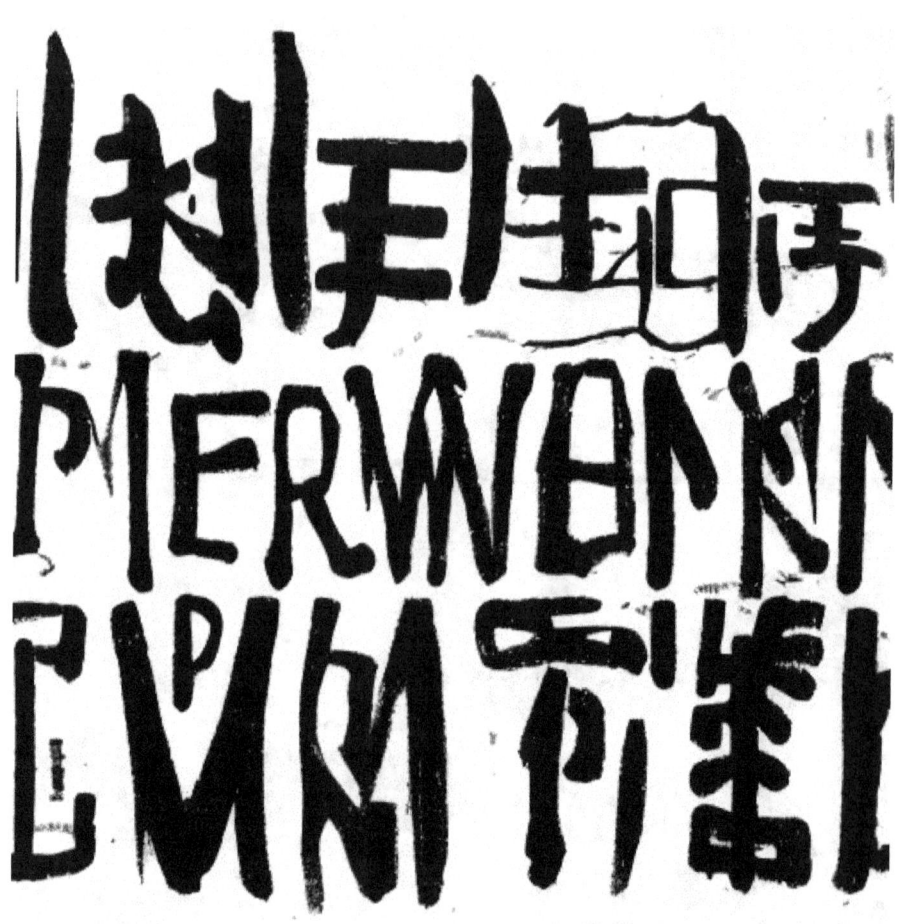

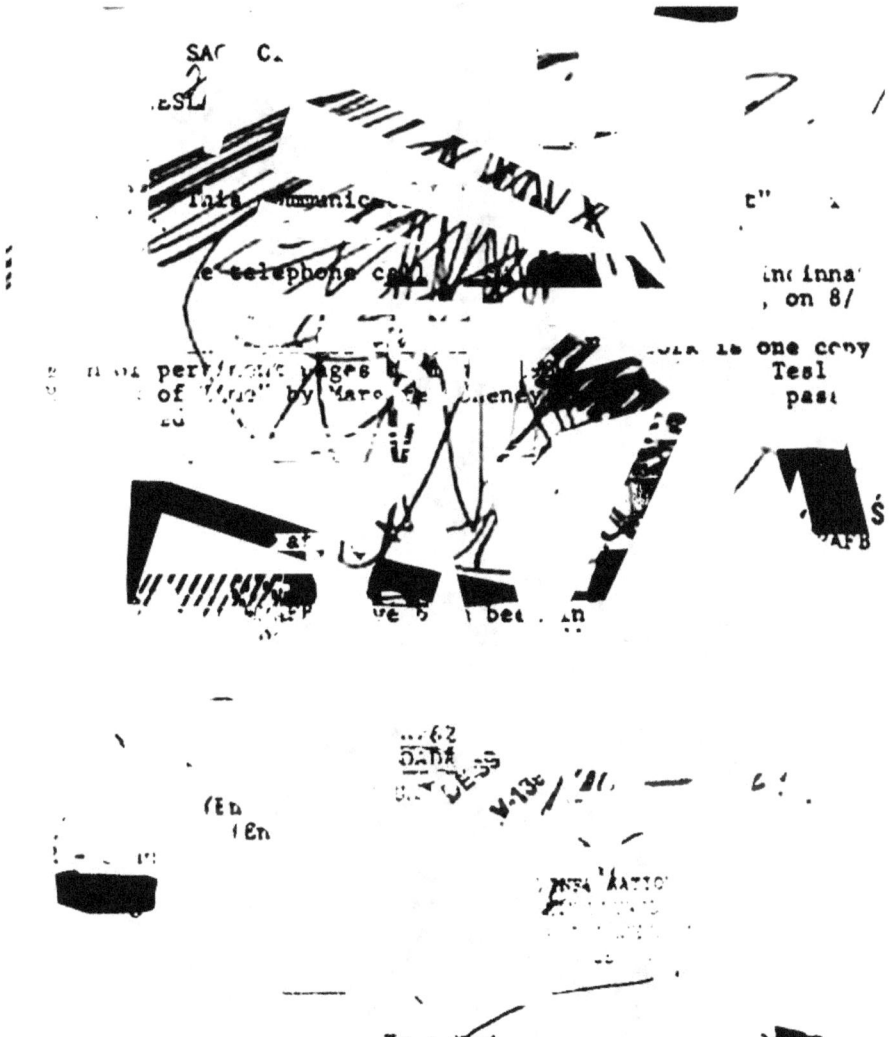

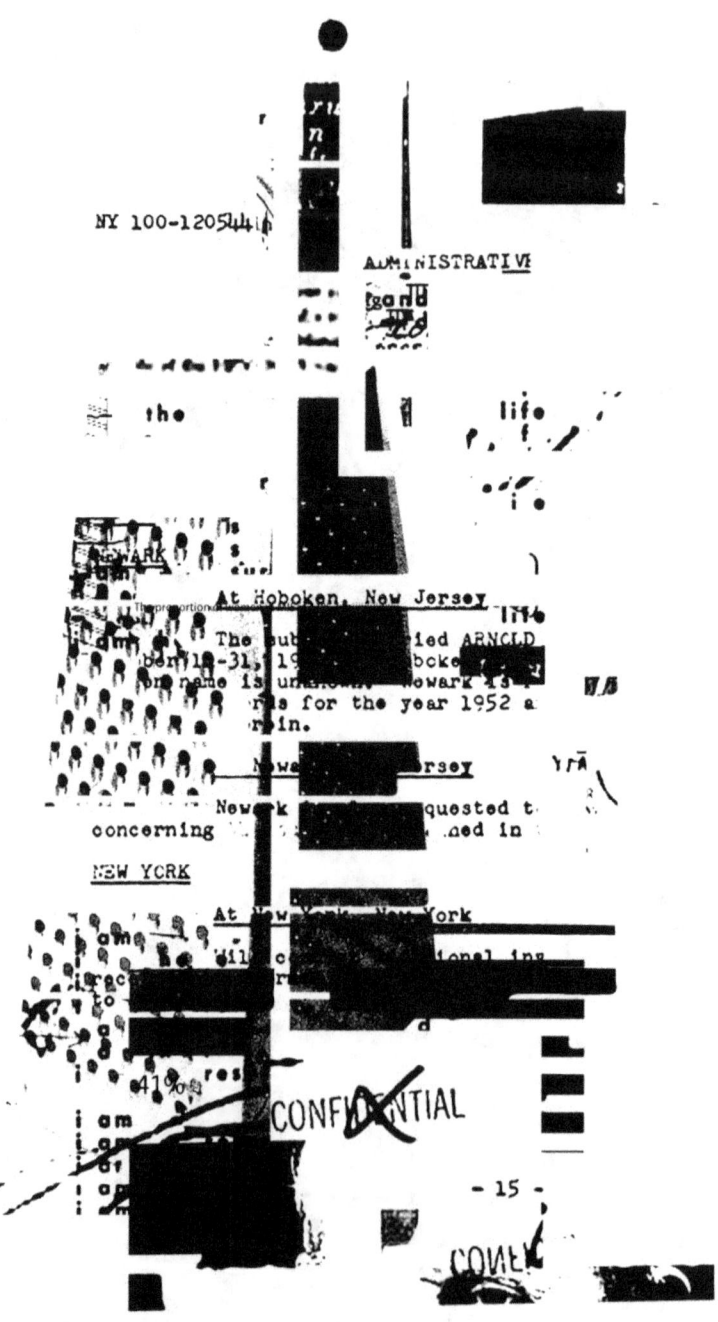

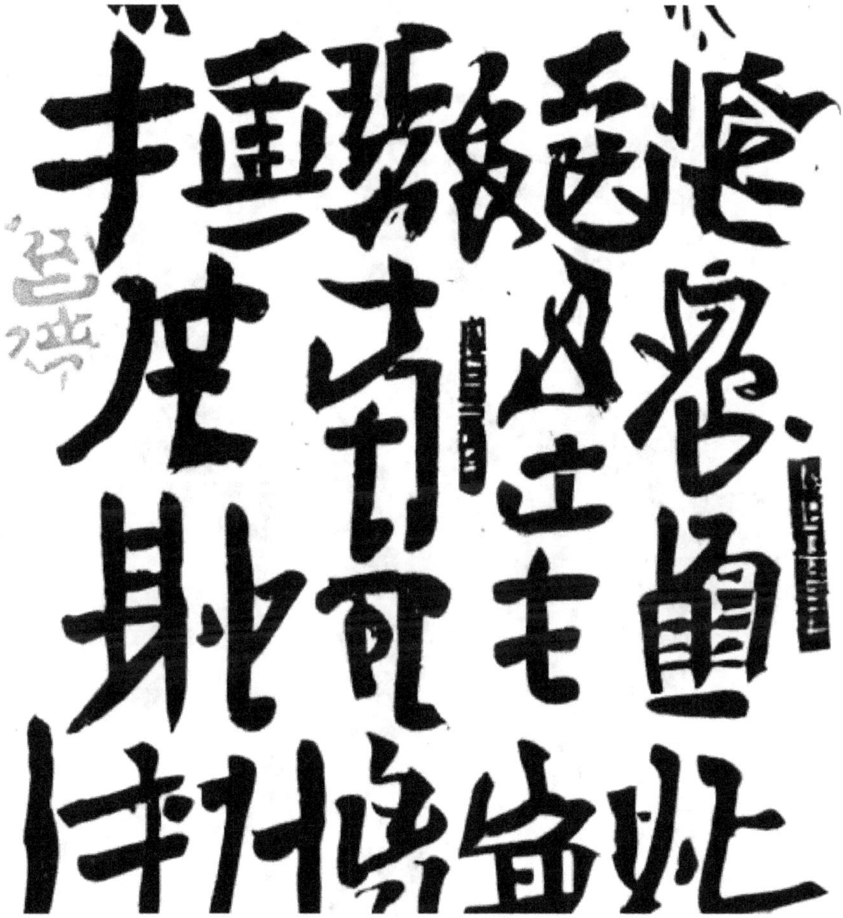

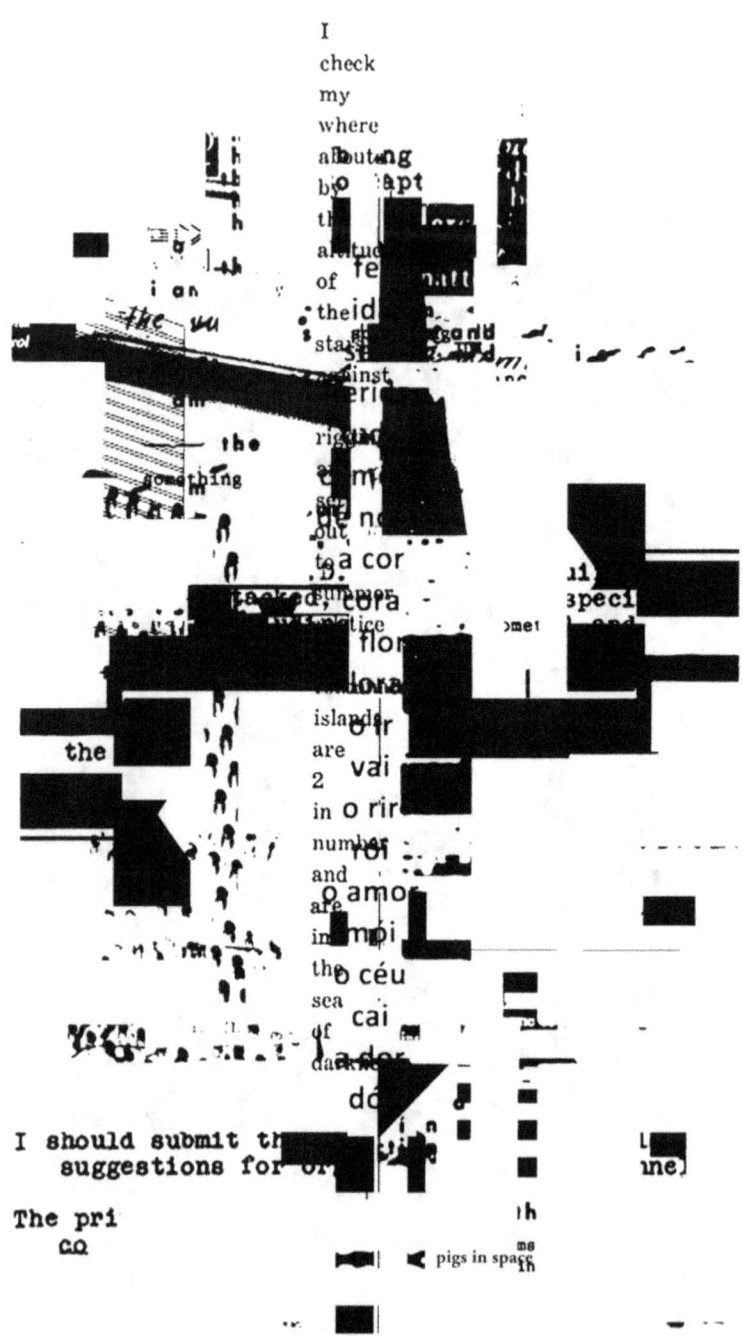

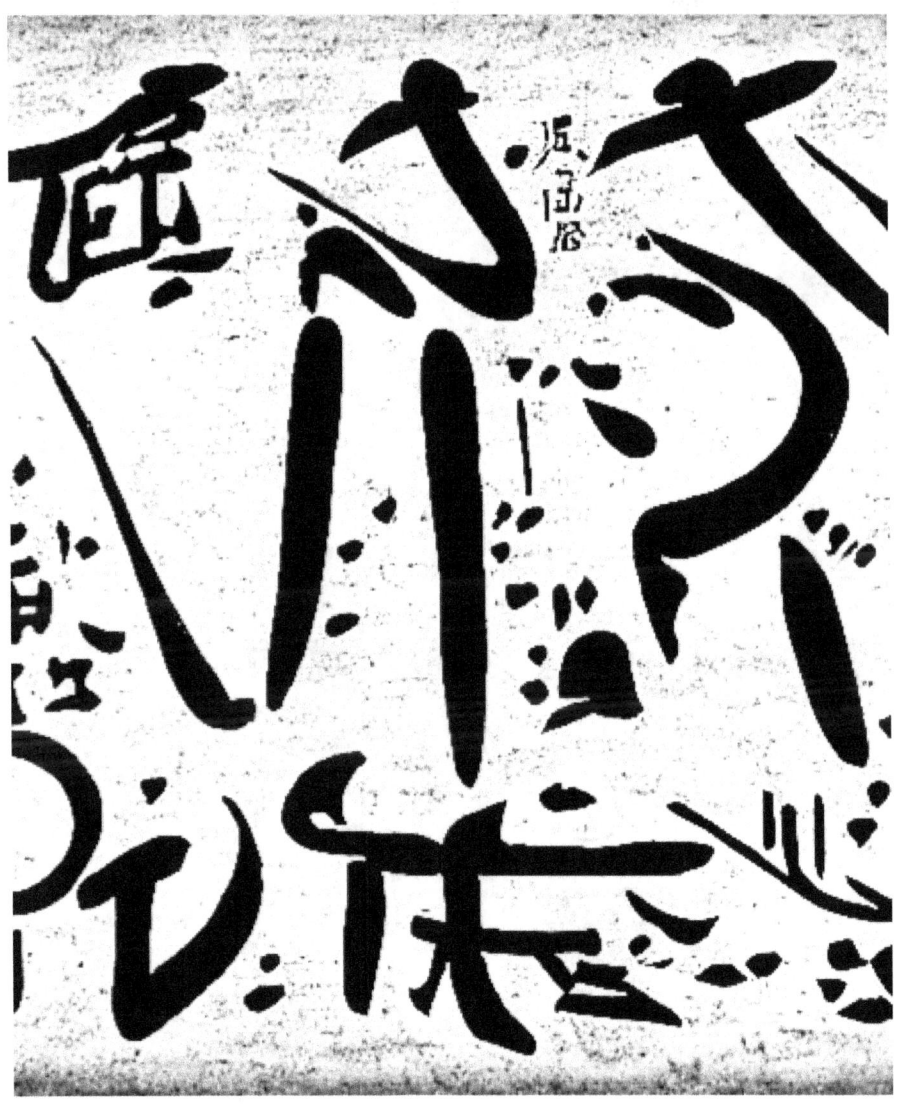

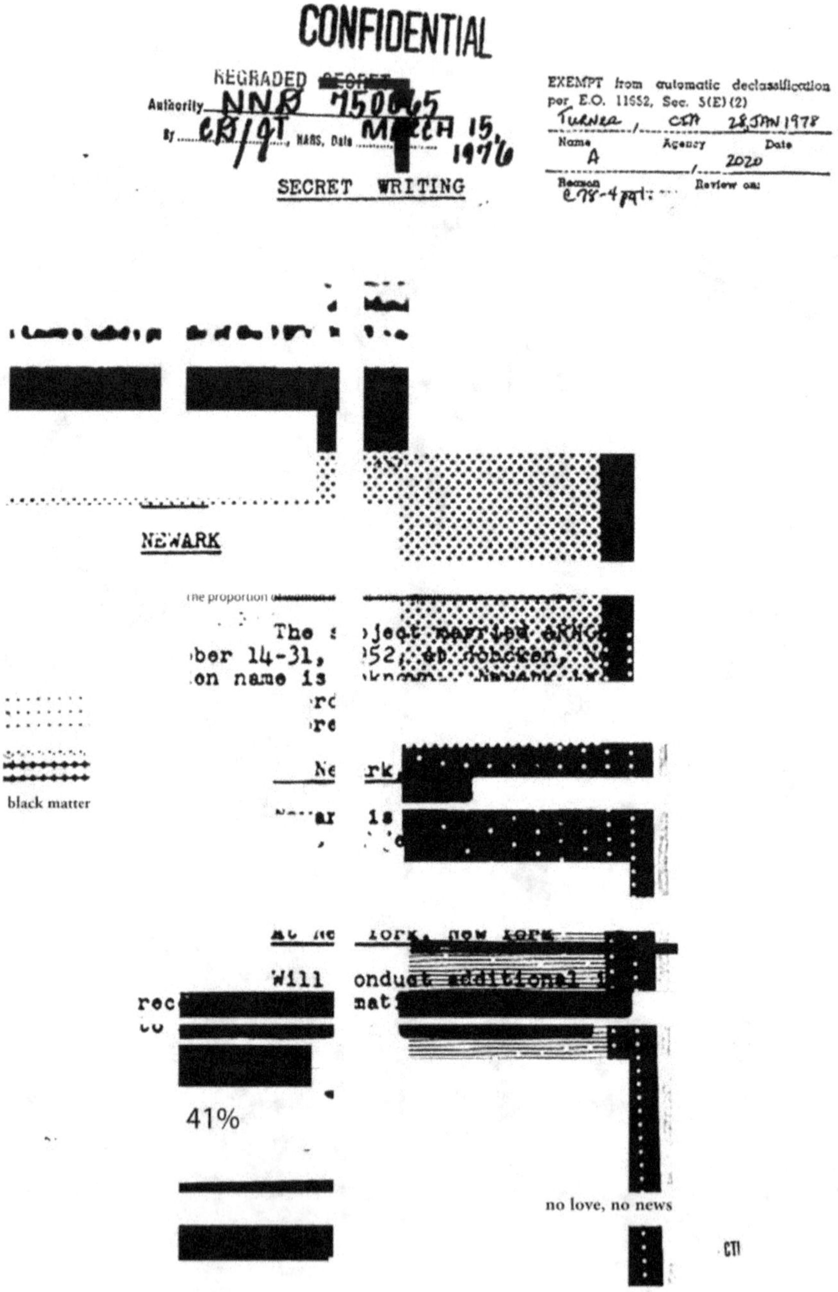

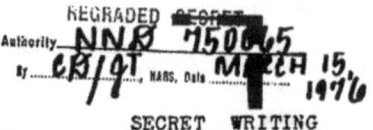

CONFIDENTIAL

REGRADED ~~SECRET~~
Authority NND 750065
By CB/gt NARS, Date MARCH 15 1976

SECRET WRITING

EXEMPT from automatic declassification
por E.O. 11652, Sec. 5(E)(2)
Turner, CIA 28 JAN 1978
Name   Agency   Date
A   2020
                    /
Reason   Review on:
C78-4791:

NEWARK

the proportion o

The s   oject
ber 14-31,   52,
on name is   nknown
rd
re

Ne   rk,

ar   1s

black matter

At Ne   York, new york

Will   onduct   dditional
rec   nat
co

41%

no love, no news

CTI

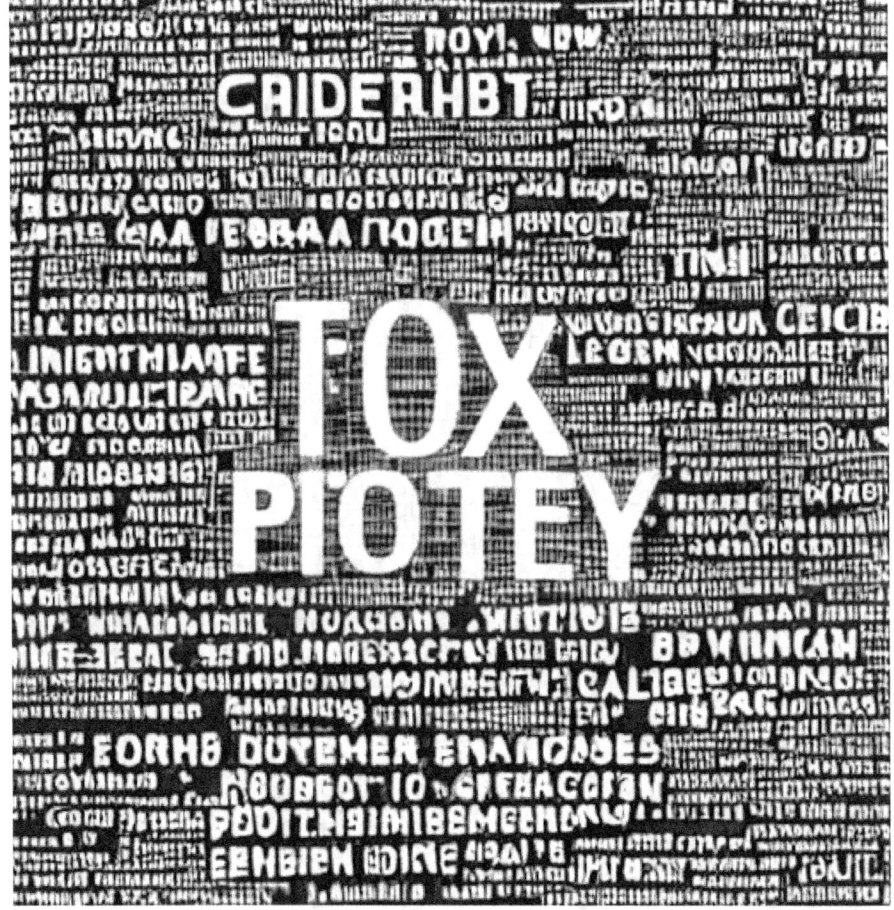

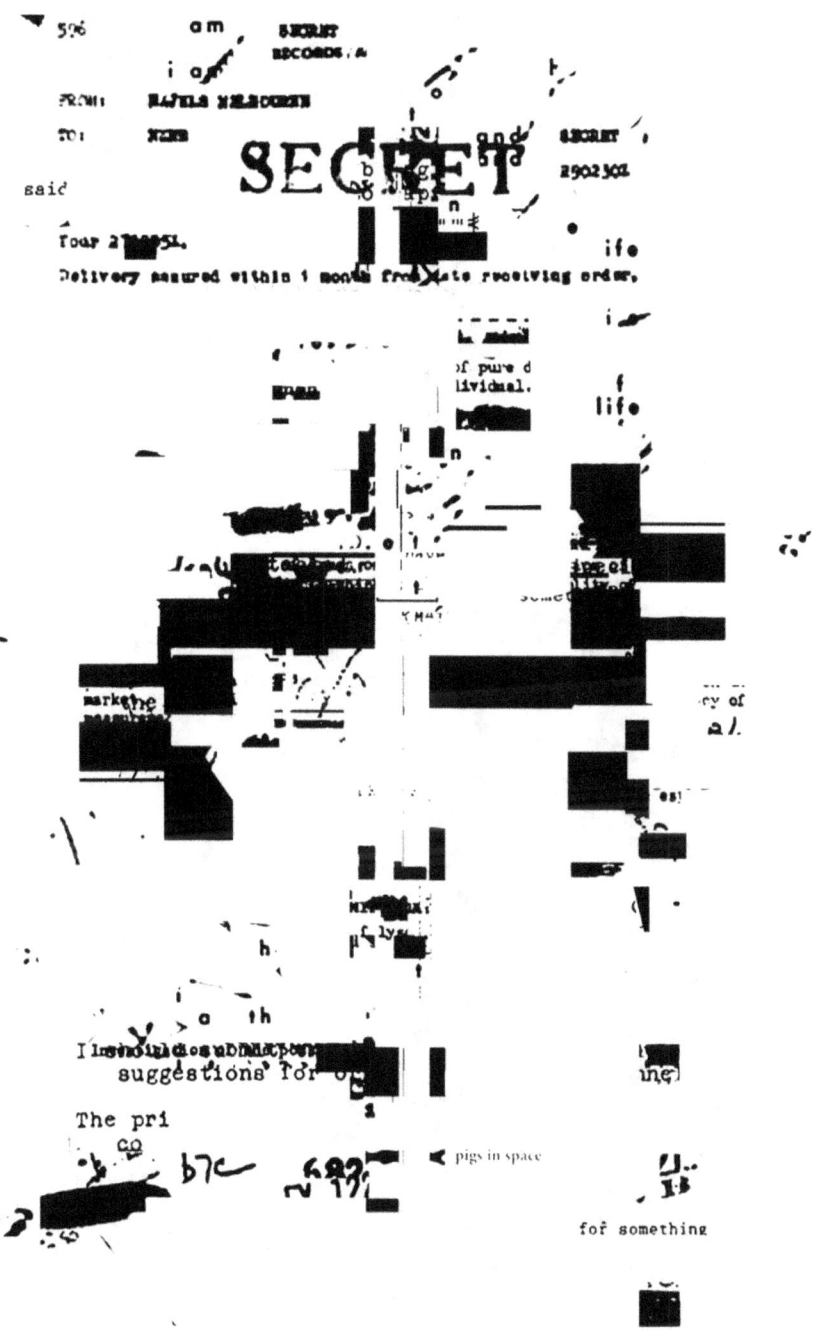

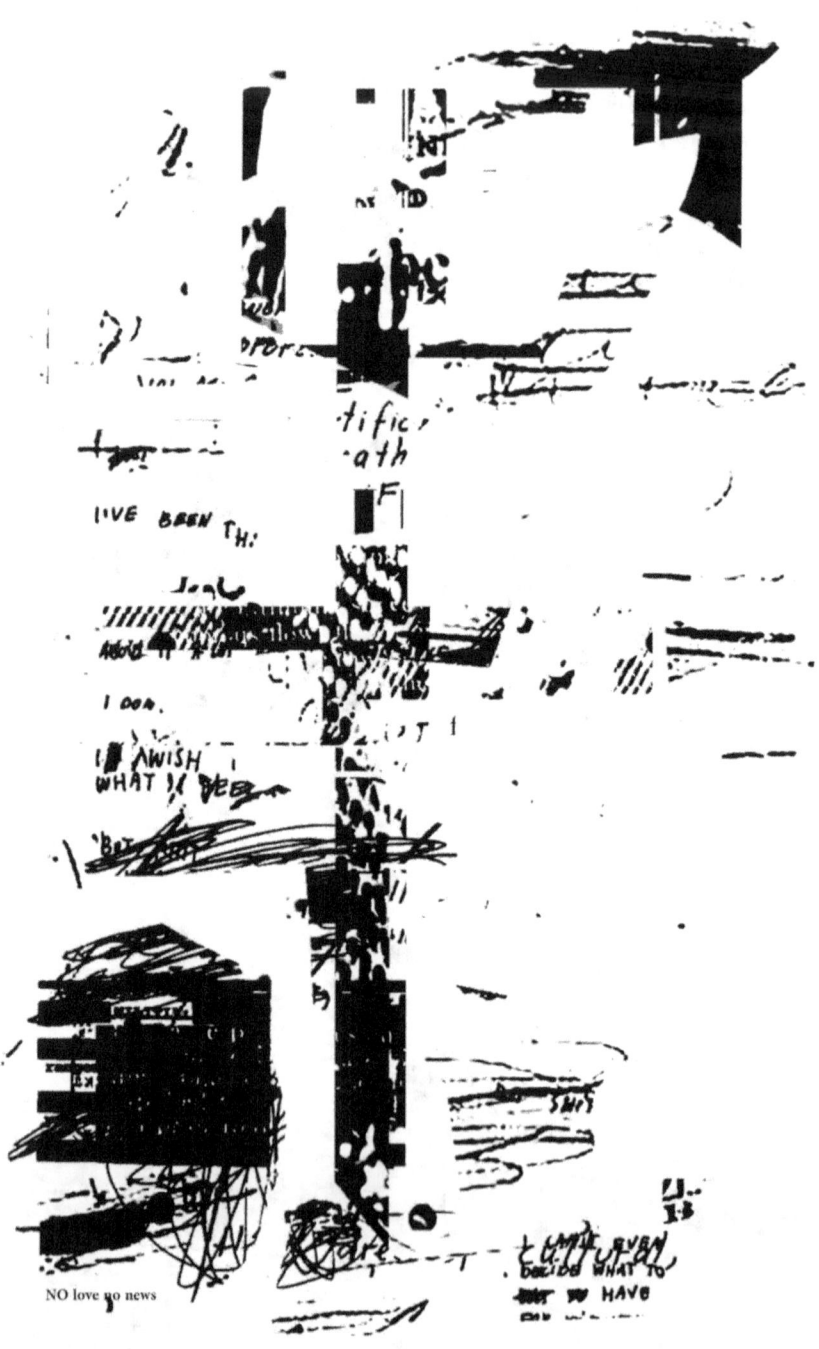

Índice

Nota biográfica

CÉSAR FIGUEIREDO

nasceu em cedofeita no porto em 1954

CARLOS CÉSAR PACHECO[1]

apareceu no planeta Terra no final do século XX
não faz nada

---

[1] GRUA.CCP

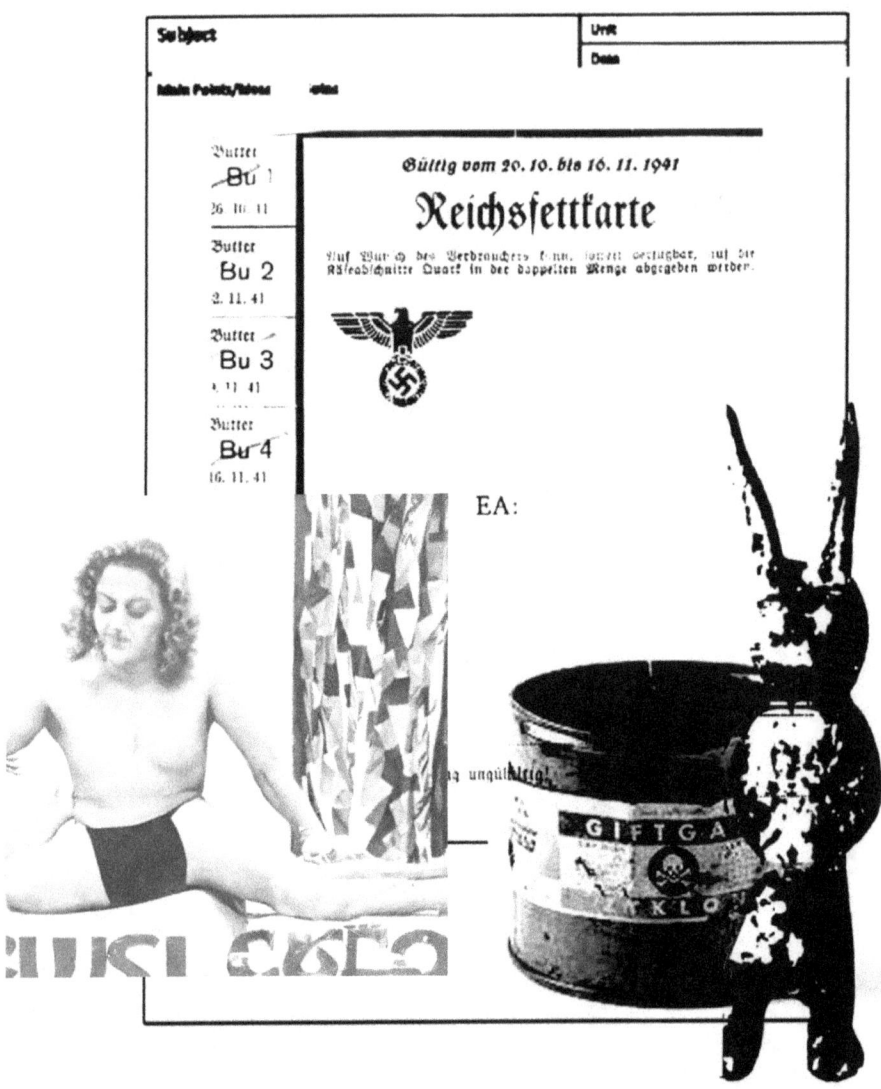

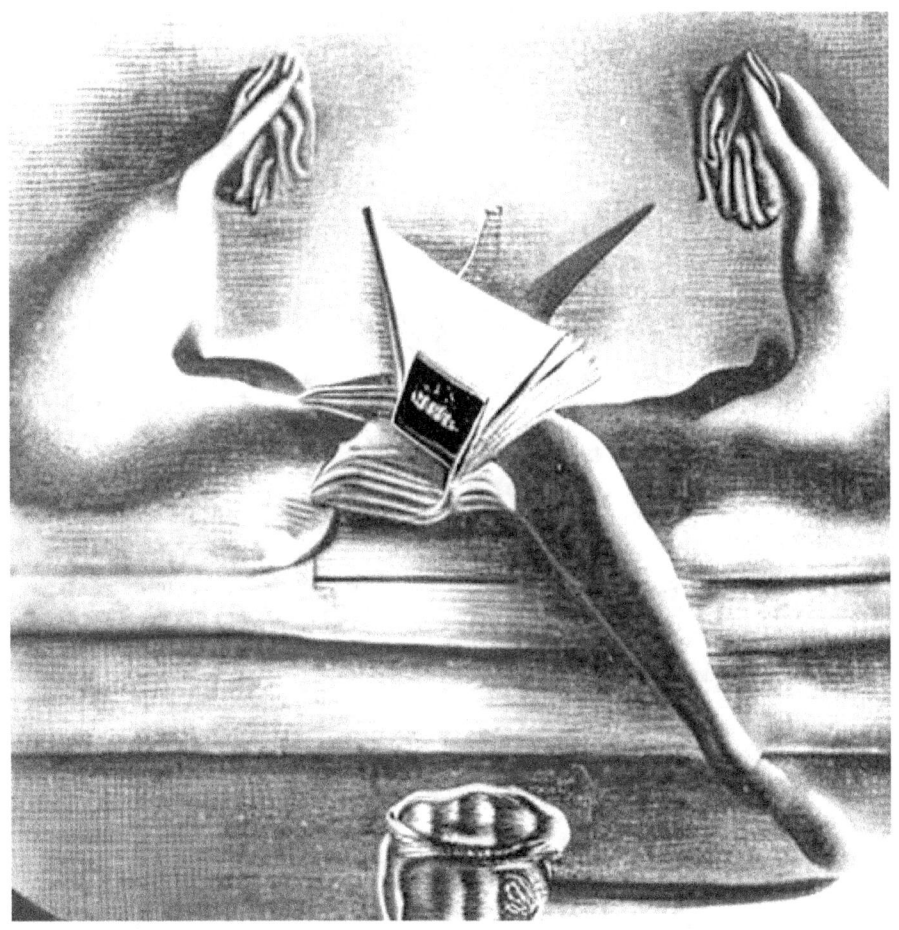

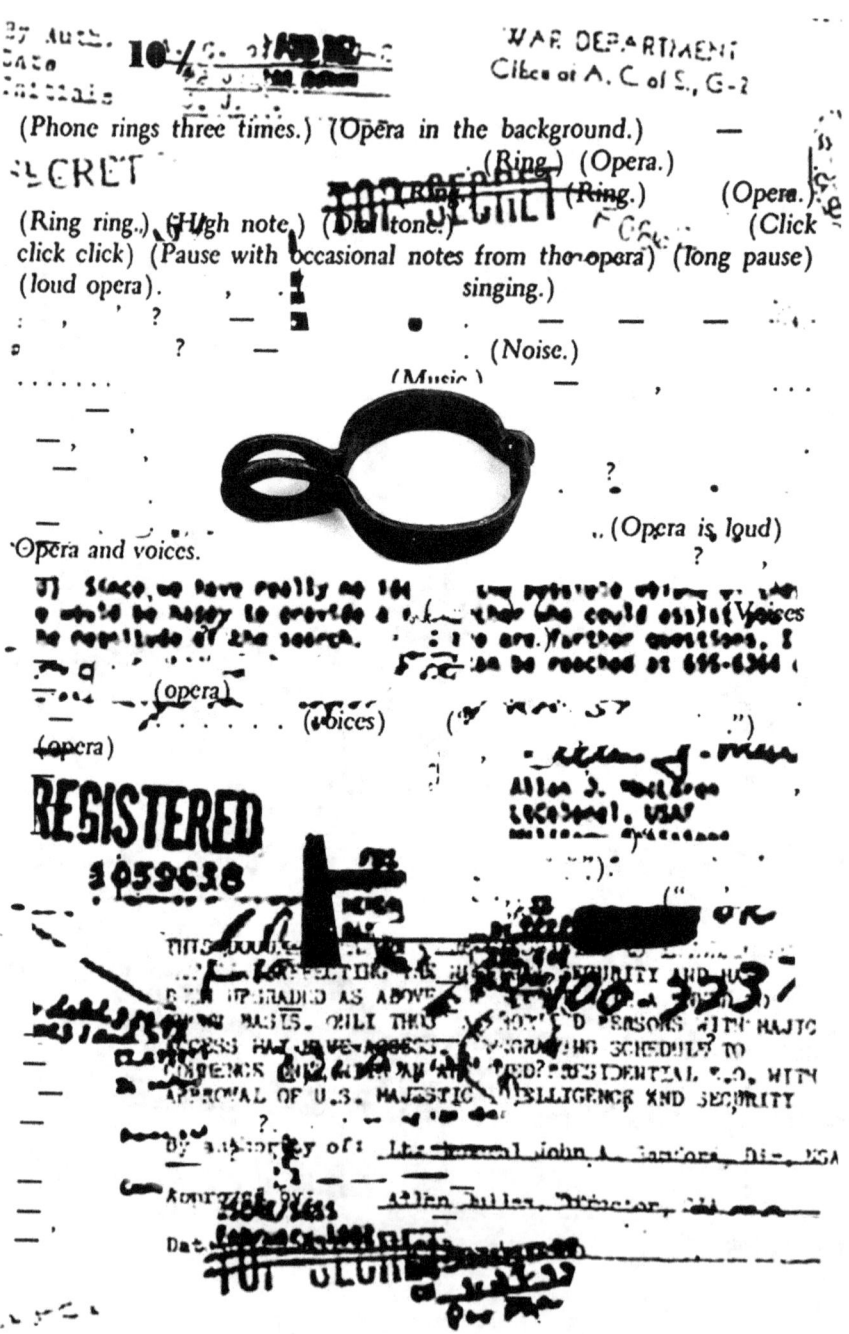

(Phone rings three times.) (Opera in the background.) —

(Ring.) (Opera.)

SECRET (Ring.) (Opera.)

(Ring ring.) (High note.) (Dial tone.) (Click

click click) (Pause with occasional notes from the opera) (long pause)

(loud opera). singing.)

? —

? — . (Noise.)

(Music.)

Opera and voices.

(Voices)

(opera)

(voices)

(opera)

REGISTERED

(Opera is loud)

?